T0209052

essentials

essentials liefern aktuelles Wissen in konzentrierter Form. Die Essenz dessen, worauf es als „State-of-the-Art" in der gegenwärtigen Fachdiskussion oder in der Praxis ankommt. *essentials* informieren schnell, unkompliziert und verständlich

- als Einführung in ein aktuelles Thema aus Ihrem Fachgebiet
- als Einstieg in ein für Sie noch unbekanntes Themenfeld
- als Einblick, um zum Thema mitreden zu können

Die Bücher in elektronischer und gedruckter Form bringen das Fachwissen von Springerautor*innen kompakt zur Darstellung. Sie sind besonders für die Nutzung als eBook auf Tablet-PCs, eBook-Readern und Smartphones geeignet. *essentials* sind Wissensbausteine aus den Wirtschafts-, Sozial- und Geisteswissenschaften, aus Technik und Naturwissenschaften sowie aus Medizin, Psychologie und Gesundheitsberufen. Von renommierten Autor*innen aller Springer-Verlagsmarken.

Andreas Gadatsch

Geschäftsprozesse analysieren und optimieren

Praxistools zur Analyse, Optimierung und Controlling von Arbeitsabläufen

2. Auflage

Andreas Gadatsch
Sankt Augustin, Deutschland

ISSN 2197-6708   ISSN 2197-6716 (electronic)
essentials
ISBN 978-3-658-39858-3   ISBN 978-3-658-39859-0 (eBook)
https://doi.org/10.1007/978-3-658-39859-0

Die Deutsche Nationalbibliothek verzeichnet diese Publikation in der Deutschen Nationalbibliografie; detaillierte bibliografische Daten sind im Internet über http://dnb.d-nb.de abrufbar.

Planung/Lektorat: Petra Steinmüller
Springer Vieweg ist ein Imprint der eingetragenen Gesellschaft Springer Fachmedien Wiesbaden GmbH und ist ein Teil von Springer Nature.
Die Anschrift der Gesellschaft ist: Abraham-Lincoln-Str. 46, 65189 Wiesbaden, Germany

Was Sie in diesem *essential* finden können

- Kurze Einführung in das Geschäftsprozessmanagement
- Viele Beispiele zur Modellierung von Prozesse mit verschiedenen Methoden
- Praxisnahe Story aus der Perspektive einer Hochschulabsolventin der BWL

Vorwort zur 2. Auflage

Dieses *essential* führt anhand eines durchgängigen Fallbeispiels in kompakter Form in die Modellierung und Analyse von Geschäftsprozessen ein. Das Ziel ist es, den Leserinnen und Lesern einen praxisnahen Einstieg in aktuelle Modellierungstechniken zu vermitteln, die in der Unternehmenspraxis üblich sind.

Sie werden aus der Perspektive der Hochschulabsolventin Linda, die ihre erste Stelle als „Business Analystin" in einem kleineren Unternehmen der Möbelbranche antritt, sukzessive durch die wichtigsten Phasen der Modellierung und Prozessanalyse geführt. Anhand von zusammenhängenden Beispielen wird gezeigt, welche Methoden in der Praxis verwendet werden.

Das Buch richtet sich in erster Linie an Personen, die keine umfangreichen Bücher durcharbeiten möchten, sondern einen Einblick in die Prozessmodellierung benötigen.

Die Inhalte dieses *essentials* basieren u.a. auf dem Lehrbuch „Gadatsch, A.: Grundkurs Geschäftsprozessmanagement, Wiesbaden, 10. Aufl., 2023, welches über die hier behandelten Inhalte hinausgeht und für vertiefende Fragestellungen eingesetzt werden kann.

Der Autor dankt Herrn Jan Fionn Willmann für die kritische Durchsicht des Manuskriptes und seinen wertvollen Hinweisen für die Verbesserung.

Ein Buch ist nie frei von Fehlern. Hinweise und Anregungen für die Verbesserung können Sie mir sehr gerne zukommen lassen. Die Abbildungen können Sie für eigene Zwecke kostenfrei erhalten. Senden Sie einfach eine Email an: andreas.gadatsch@h-brs.de.

Sankt Augustin
September 2022

Andreas Gadatsch

Inhaltsverzeichnis

1	**Fallbeispiel Möbelhaus**	**1**
	1.1 Basisinformationen	1
	1.2 Erste Ideen zur Lösungsentwicklung	2
2	**Vorgehensmodell**	**5**
3	**Überblick über Methoden der Prozessmodellierung**	**9**
	3.1 Modelle	9
	3.2 Methoden	9
4	**Einsatz der Modellierung**	**15**
	4.1 Erstellung einer Prozesslandkarte	15
	4.1.1 Beschreibung der Methode	15
	4.1.2 Modellierungsbeispiel: Prozesslandkarte Möbelhaus	16
	4.1.3 Bewertung der Prozesslandkarte	19
	4.2 Erstellung fachlicher Prozessmodelle	20
	4.2.1 Tabellarische Prozessmodellierung	20
	4.2.2 Swimlane	23
	4.2.3 EPK/eEPK	26
	4.2.4 BPMN	34
	4.3 Methodenvergleich	41
	4.4 Grundsätze ordnungsgemäßer Modellierung	42
5	**Analyse und Optimierung von Prozessen**	**45**
	5.1 Generelle Möglichkeiten der Prozessoptimierung	45

5.2   Anwendungsbeispiel für eine Prozessoptimierung   48
5.3   Prozesscontrolling mit Kennzahlen   51

Literatur   59

Fallbeispiel Möbelhaus

1

1.1   Basisinformationen

Linda hat an der Hochschule Bonn-Rhein-Sieg in Sankt Augustin Betriebswirt-schaftslehre mit Vertiefungen in Wirtschaftsinformatik und Controlling studiert. Sie wurde nach Abschluss ihres Studiums vom Inhaber eines kleineren Unter-nehmens aus der Region (im folgenden „Möbelhaus" genannt) als „Business Analystin" eingestellt und soll ihm dabei helfen, die Arbeitsabläufe besser zu organisieren.

Das Unternehmen produziert und verkauft in eigenen Läden Möbel für eine überwiegend junge Zielgruppe. Zum Produktprogramm gehören vor allem Stühle, Tische, Regale, Halterungen für Elektronikgeräte und neuerdings Schreibtischauf-sätze aus verschiedenen Materialen für Laptops.

In der Regel wird auf Lager gefertigt, einige Trendprodukte werden zuge-kauft. Manchmal läuft der Verkauf so gut, dass man mit der Produktion nicht nachkommt, manchmal bleiben die Waren aber liegen und müssen verschrottet werden, da sie nicht mehr nachgefragt werden.

Der Inhaber überlegt, zukünftig auch individuelle Möbel zu kaufen, die mit Hilfe von webbasierten Konfiguratoren von der Kundschaft selbst gestaltet wer-den können. Die Arbeitsabläufe haben sich seit vielen Jahren fortentwickelt und sind auf einen klassischen Prozess mit Lagerfertigung ausgerichtet. Es gibt kaum jemanden im Unternehmen, der einen vollständigen Überblick über die Arbeitsabläufe hat. Das Wissen wird überwiegend von „Mund zu Mund" weitergegeben.

Viele Tätigkeiten und Details sind nur den jeweils vom Arbeitsablauf direkt betroffenen Mitarbeitern und Mitarbeiterinnen bekannt und nicht dokumentiert.

© Der/die Autor(en), exklusiv lizenziert an Springer Fachmedien Wiesbaden GmbH, ein Teil von Springer Nature 2022
A. Gadatsch, *Geschäftsprozesse analysieren und optimieren*, essentials, https://doi.org/10.1007/978-3-658-39859-0_1

Neu eingestelltes Personal benötigt in der Regel mehrere Monate, um sich umfassend einzuarbeiten und muss dennoch immer wieder nachfragen, um Sonderfälle zu bearbeiten.

Zudem ist aufgefallen, dass die Lieferzeiten der bei verschiedenen Lieferanten häufig nicht eingehalten werden und verstärkt Reklamationen bis hin zu Stornierungen vonseiten der Kundschaft eingehen. In einschlägigen „Portalen" finden sich bereits für jeden sichtbar die nicht sonderlich schmeichelhaften Meinungsäußerungen der Kundschaft.

1.2 Erste Ideen zur Lösungsentwicklung

Linda überlegt sich im ersten Arbeitsmonat, wie sie vorgehen will, da sie nicht alle Probleme des KMU in einem Schritt lösen kann. Ein wichtiger Punkt erscheint ihr, herauszufinden, wie das Unternehmen aktuell arbeitet.

Zunächst führt sie ein paar freie Interviews durch, um herauszufinden, was Ihre neuen Kolleginnen und Kollegen im Unternehmen konkret für Aufgaben haben. Sie spricht in verschiedenen Abteilungen des Unternehmens (Vertrieb, Lager, Produktion, Versand, Buchhaltung, Personal, IT) mit Personen unterschiedlichen Alters, Erfahrung und Aufgabenbereichen. Linda vermeidet es zunächst, mit Laptop und formalen Methoden (z. B. Strukturierte Interviews mit Fragenkatalogen), die sie aus dem Studium kennt zu arbeiten, um keine Distanzen oder Ängste aufkommen zu lassen. Sie will sich erstmal einen allgemeinen Eindruck verschaffen.

Sie stellt sehr schnell fest, dass viele Antworten des Personals nicht zueinander passen, manchmal Arbeiten sogar doppelt durchgeführt werden und viele Kollegen gar nicht genau wissen, was ihre Büronachbarn machen und wie die Arbeiten insgesamt zusammenhängen. Manchmal hat sie den Eindruck, dass ihre Interviews als „herumschnüffeln" wahrgenommen werden und sie bewusst keine oder falsche Antworten bekommt. Immer dann, wenn sie nach übergreifenden Zusammenhängen fragt, bekommt sie oft keine passenden Antworten. Es scheint so, als ob die Mitarbeiter nur ihren Aufgabenbereich kennen, aber keinen Überblick über die gesamten Abläufe. Viele Arbeiten basieren auf „Papierdokumenten", obwohl die relevanten Daten im Warenwirtschaftssystem des Unternehmens gespeichert sind.

Sie braucht also einen methodischen Ansatz, der ihr dabei hilft, die notwendigen Informationen systematisch zu beschaffen, zu strukturieren und für neue Lösungen aufzubereiten. Sie schlägt dem Inhaber folgendes Konzept vor, um zunächst die vorhandenen Arbeitsabläufe (Geschäftsprozesse) zu beschreiben.

Zunächst soll gemeinsam mit den Beschäftigten eine sogenannte „Prozessland-karte" erstellt werden, mit der die wichtigsten Geschäftsprozesse auf einer Grafik visuell dargestellt werden. Anschließend soll der sogenannte „Kernprozess" des Unternehmens, der Verkauf und die Produktion von Kleinmöbeln detaillierter dar-gestellt werden. Hierzu sollen bewährte grafische Methoden gewählt werden, die vor allem das Zusammenspiel zwischen den verschiedenen Beteiligten sichtbar machen. Außerdem soll mit mehreren Methoden „experimentiert" werden, um herauszufinden, welche im Unternehmen am besten akzeptiert werden.

In einem zweiten Schritt sollen später die Arbeitsabläufe analysiert und ver-bessert werden. Außerdem sollen Kennzahlen entwickelt werden, mit denen die Leistung der Prozesse gemessen werden können.

Vorgehensmodell

Die Business-Analystin Linda findet in der einschlägigen Literatur ein Vorgehensmodell für das Geschäftsprozessmanagement, dass ihr helfen könnte die Aufgabenstellung zu lösen. Sie reduziert das Vorgehensmodell für ihre Belange auf die wesentlichen Schritte, die auch in einem kleinen Unternehmen relevant sind (vgl. die Darstellung in Abb. 2.1):

1) **Prozesse modellieren, analysieren und optimieren:** In dieser ersten Phase verschafft man sich ein Bild über die Ist-Situation und dokumentiert auf der Grundlage von Workshops und mithilfe von Prozessmodellen den aktuellen Zustand der Arbeitsabläufe. Anschließend werden die Prozesse analysiert und gemeinsam mit den Betroffenen Lösungsvorschläge für eine Verbesserung (Optimierung) erarbeitet.

2) **Prozesse technisch implementieren und einführen:** In der zweiten Phase werden die Prozesse mithilfe von IT-Lösungen, z. B. einem Warenwirtschaftssystem oder Dokumentenmanagement technisch implementiert. Nach erfolgtem Test der Lösungen können die Prozessen in den Echtbetrieb übernommen werden.

3) **Prozesse ausführen, überwachen und steuern:** Die letzte Phase des Geschäftsprozessmanagements umfasst die tatsächliche Durchführung bzw. Ausführung der Prozesse mit realen Geschäftsfällen (z. B. Kauf eines konkreten Möbelstückes) durch einen Kunden. Diese werden durch die Führungskräfte überwacht und gesteuert. Hieraus ergeben sich für bestimmte Prozesse regelmäßig Hinweise auf Optimierungsbedarf, sodass der Zyklus wieder in Phase 1) fortgesetzt wird.

© Der/die Autor(en), exklusiv lizenziert an Springer Fachmedien Wiesbaden GmbH, ein Teil von Springer Nature 2022
A. Gadatsch, *Geschäftsprozesse analysieren und optimieren,* essentials,
https://doi.org/10.1007/978-3-658-39859-0_2

Abb. 2.1 Vereinfachtes
Vorgehensmodell
Geschäftsprozessmanage-
ment. (In Anlehnung an
Gadatsch, 2023)

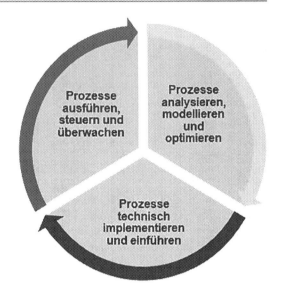

In einem zweiten Schritt recherchiert Linda weiter, welche Methoden in den drei Phasen des Geschäftsprozessmanagements eingesetzt werden könnten. Diese sind in Abb. 2.2 in das Vorgehensmodell eingezeichnet.

In der ersten Phase ihres Projektes erstellt Linda ein „Strategisches Geschäftsprozessmodell", eine sogenannte Prozesslandkarte. Diese Prozessland-garte gibt einen groben Überblick über die wichtigsten Arbeitsabläufe des Unternehmens und richtet sich vor allem an das Management, aber auch zur Orientierung an das Personal.

Anschließend werden die gemeinsam mit der Geschäftsführung priorisierten Geschäftsprozesse weiter detailliert beschrieben bzw. modelliert. Hierzu können verschiedene Methoden verwendet werden. Dies sind in der Praxis häufig tabella-rische Darstellungen, die Swimlane-Diagramme, die erweiterte Ereignisgesteuerte Prozesskette (eEPK) und die Business Process and Model Notation (BPMN). Auf weitere Methoden wird hier nicht eingegangen, da sie in der Praxis weniger stark vertreten sind.

Im Rahmen der zweiten Phase des Vorgehensmodells werden die Prozesse auch technisch implementiert. Dies kann durch eine Verfeinerung vorhandener BPMN-Modelle erfolgen, die durch sogenannte Workflow-Management-Systeme ausgeführt werden. durch Programmierung von Individualsoftware oder auch Customizing (Anpassung) von Standardsoftware. Auf die Implementierung wird

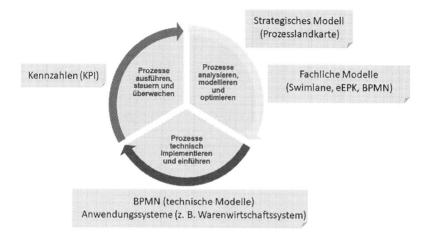

Abb. 2.2 Vorgehensmodell Geschäftsprozessmanagement mit Methoden

in diesem Essential aus Platzgründen verzichtet, da hierzu auf softwarespezifische Aspekte eingegangen werden müsste.

Im dritten Schritt des Vorgehensmodells erfolgt die Steuerung und Überwachung der Prozesse mithilfe von Kennzahlen durch die jeweils für die Prozesse verantwortliche Führungskräfte (sogenannte „Process Owner").

Überblick über Methoden der Prozessmodellierung

3

3.1 Modelle

Nachdem Linda ihr Vorgehenskonzept erarbeitet und der Leitung vorgestellt hat verschafft sie sich einen Überblick über verschiedene Modellierungsmethoden für Geschäftsprozesse in der einschlägigen Literatur. Um den skeptischen Inhaber des Möbelhauses von ihrer geplanten Arbeit mit „Modellen" zu überzeugen, verwendet sie zur Illustration das Beispiel einer Bahnfahrt ohne Ortskenntnisse. Zur Planung der Bahnfahrt wird üblicherweise ein Fahrplan genutzt.

Ein Fahrplan ist ein vereinfachtes Modell der Realität, welches sich auf das Ziel konzentriert, Personen die Navigation im Verkehrssystem zu ermöglichen. In Abb. 3.1 ist ein Fahrplanauszug der Kölner Verkehrsbetriebe dargestellt, mit dem man eine Bahnfahrt im Stadtgebiet planen und durchführen kann. Dieses „Modell" erleichtert die Navigation, indem es sich auf die wesentlichen Aspekte konzentriert. Dies wären in diesem Kontext z. B. die beiden Fragen: „Wie komme ich von A nach B?" oder „Welche Bahn muss ich nehmen?". Die Symbole des Modells „Fahrplan" sind normiert, sodass beliebige Nutzer verschiedener Altersgruppen ohne allzu große Vorkenntnisse damit arbeiten können.

Nachfolgend werden Modelle von Geschäftsprozessen des Möbelhaues erstellt, um die Realität zu vereinfachen und den Inhalt der Prozesse fokussiert darzustellen.

3.2 Methoden

Geschäftsprozesse sind in der Praxis oft komplex und arbeitsteilig. Daher wurden verschiedene Methoden zur strukturierten Darstellung von Prozessen entwickelt,

© Der/die Autor(en), exklusiv lizenziert an Springer Fachmedien Wiesbaden GmbH, ein Teil von Springer Nature 2022
A. Gadatsch, *Geschäftsprozesse analysieren und optimieren,* essentials,
https://doi.org/10.1007/978-3-658-39859-0_3

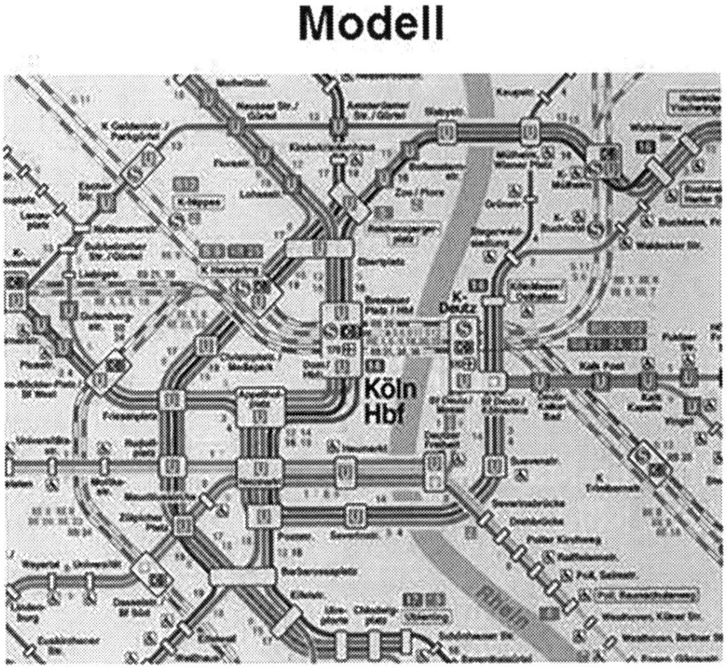

Modell

Abb. 3.1 Modell einer Bahnfahrt. (Bildquelle: Kölner Verkehrsbetriebe (Hrsg.), Stadt Köln)

um wie beim Beispiel des Fahrplans die Komplexität der Realität auf das Wesentliche zu reduzieren.

Die Methodenvielfalt macht es jedoch nicht leicht, die „richtige" Methoden für einen individuellen Anwendungsfall zu finden. Anwendungsfälle sind z. B. der Bedarf nach Überblicksinformationen über Prozesse, die Dokumentation von Arbeitsabläufen aus fachlicher Sicht, die Erstellung von Dokumenten für die IT-Unterstützung von Prozessen, die Dokumentation einer Standardsoftware durch den Hersteller. Es gibt also nicht „die" Methode für alle Einsatzfelder.

Tabellarische Methoden
Tabellarische Methoden sind in der Praxis in einfachen Anwendungsfällen im Einsatz, aber wenig oder kaum formalisiert. Wir werden Sie dennoch kurz vorstellen, da sie einfach zu handhaben sind und häufig genutzt werden.

Formale Methoden

Formale Methoden der Modellierung lassen sich in skriptbasierte Methoden (Skriptsprachen) und grafische Methoden (Diagrammsprachen) unterteilen.

Skriptsprachen erlauben die Beschreibung von Prozessmodellen anhand einer an Programmiersprachen angelehnten formalen Notation. Hierdurch ist eine sehr hohe Präzision der Modellspezifikation erzielbar. Allerdings ist die Anschaulichkeit der Prozessskripts gering und deren Interpretation setzt detaillierte Methodenkenntnisse voraus, was den Einsatz in der Praxis erschwert. Sie richten sich eher an Personen mit Informatikhintergrund.

Die im Vergleich zu den Skriptsprachen anschaulichen Diagrammsprachen lassen sich in datenfluss-, kontrollfluss- und objektorientierte Ansätze sowie hybride Konzepte differenzieren (vgl. Abb. 3.2). Sie haben sich im Vergleich zu den Skriptsprachen in der Praxis stärker durchgesetzt, vor allem dort, wo in Zusammenarbeit mit Fachanwendern (z. B. Personen aus dem Vertrieb, der Buchhaltung, Fertigung) Modelle erstellt werden.

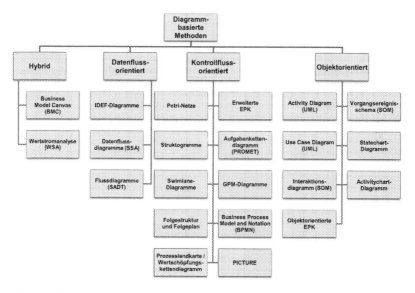

Abb. 3.2 Überblick über ausgewählte Modellierungsmethoden

Datenorientierte Methoden

Datenflussorientierte Methoden beschreiben nicht den Prozess an sich, sondern den Datenfluss, also den Verlauf der Daten im Zusammenspiel der Einzeltätigkeiten. Der Prozess ergibt sich nur indirekt aus den Darstellungen, wobei der Ablauf der Prozessschritte nur schwer aus den Diagrammen herauszulesen ist. Die Bedeutung der datenflussorientierten Methoden hat deshalb in den letzten Jahren deutlich abgenommen. Allerdings ist es nach wie vor notwendig, Datenaspekte angemessen in Prozessmodellen zu berücksichtigen. Datenflussorientierte Methoden sind im Hinblick auf die Aspekte des Prozessmanagements allerdings wenig ausdrucksstark, da der Prozess nicht im Vordergrund der Modellierungsarbeit steht (Meyer, Smirnov und Weske, 2011, S. 5).

Kontrollflussorientierte Methoden

Bei kontrollflussorientierten Methoden steht die Abfolge der Tätigkeiten im Vordergrund, also die Prozessmodellierung. In der Praxis haben sich Prozesslandkarten, Swimlane-Diagramme, Wertschöpfungskettendiagramme (WKD), die erweiterte ereignisgesteuerte Prozesskette (eEPK), sowie die Business Process Modeling and Notation-Methode (BPMN) etabliert.

Objektorientierte Methoden

Aus der Softwareentwicklung stammt die Idee, Funktionen und Daten zu sogenannten Objekten zu integrieren. Dies hat zur Entwicklung objektorientierter Methoden der Modellierung geführt. Hier hat sich in der Praxis vor allem die Unified Modeling Language (UML) mit dem Activity Diagramm (Aktivitätsdiagramm) durchgesetzt.

Hybride Methoden

Zu den hybriden Methoden lassen sich die Wertstromanalyse (WSA) und das Business Model Canvas (BMC) zählen. Die Wertstromanalyse wird insbesondere im Fertigungs- und Produktionsbereich verwendet, um Prozesse zu analysieren. Sie zielt darauf ab, Verschwendungen zu identifizieren, die sich aus unnötiger Überproduktion, Transportwegen, Wartezeiten, Überbeständen, Fehlern und hieraus resultierender Nacharbeit ergeben (vgl. Wagner und Lindner, 2022, S. 4. ff.). Sie eignet sich insbesondere für die Analyse von Prozessen der Großserienfertigung, da sie hierfür entwickelt wurde (vgl. Wagner und Lindner, 2022, S. 135). Aufgrund dieser Einengung im Anwendungsfokus wird die Methode in diesem Buch nicht weiter behandelt.

Das noch vergleichsweise junge Business Model Canvas (vgl. Osterwalder und Pigneur, 2010) beschreibt oberhalb der Prozessebene die zentralen Eigenschaften des Unternehmensgeschäftsmodells. Es ist daher als sehr guter Einstieg in das Prozessmanagement geeignet, denn die Prozesse eines Unternehmens leiten sich aus dem Geschäftsmodell ab.

Einsatz der Modellierung

4

4.1 Erstellung einer Prozesslandkarte

4.1.1 Beschreibung der Methode

Um sich einen ersten Überblick zu verschaffen, erstellt die Business-Analystin Linda auf der Basis ihrer Interviews und einiger Nachfragen eine Prozesslandkarte für das Möbelhaus. Die Prozesslandkarte ist ein Instrument zur übersichtlichen Beschreibung der Abläufe eines Unternehmens oder eines Teilbereiches davon. Sie soll möglichst übersichtlich sein, keine spezielle Sonderfälle berücksichtigen und einen Einblick in das normale „Geschäft" des Unternehmens geben.

Hierzu werden die Prozesse meist in drei Kategorien, sogenannte Prozesstypen, untergliedert: Steuerungsprozesse, Kernprozesse und Unterstützungsprozesse (vgl. Gadatsch, 2023).

Steuerungsprozesse

- Steuerungsprozesse verantworten das integrative Zusammenspiel der Geschäftsprozesse (z. B. Strategieentwicklung, Unternehmensplanung, Operatives Führen). Sie sind die unternehmerische Klammer für die leistungserstellenden und unterstützenden Prozesse.

Kernprozesse

- Kernprozesse sind Geschäftsprozesse mit hohem Wertschöpfungsanteil. Sie sind im Normalfall wettbewerbskritisch und bilden den Leistungserstellungsprozess

A. Gadatsch, *Geschäftsprozesse analysieren und optimieren*, essentials, https://doi.org/10.1007/978-3-658-39859-0_4

ausgehend vom Kundenwunsch, über die Beschaffung, Lagerung, Produktion, Montage und Auslieferung.

Unterstützungsprozesse

- Unterstützungsprozesse sind Geschäftsprozesse mit keinem oder nur geringem Wertschöpfungsanteil. Sie sind in der Regel nicht wettbewerbskritisch. Beispiele sind Finanzbuchhaltung, Kostenrechnung, Berichtswesen, Personalwesen, Kantine, Fuhrpark, Informationsverarbeitung und Recht.

Die grafische Ausgestaltung (Notation) der Prozesslandkarte ist uneinheitlich, da sich kein wissenschaftlicher oder praktischer Standard durchgesetzt hat und die Softwareanbieter von Modellierungswerkzeugen verschiedene Konzepte entwickelt haben. Sehr häufig werden aber Pfeilsymbole o. ä. Elemente genutzt.
Nachfolgend wird ein Vorschlag für eine Syntax, d. h. Regeln für die Nutzung grafischer Elemente, aus Gadatsch (2023) verwendet. Er nutzt drei verschiedene Symbole für Steuerungs-, Kern- und Unterstützungsprozesse und stellt die Kernprozesse als sogenannte End-to-End Prozesse dar. Letzteres bedeutet, dass die Prozesse so abgearbeitet werden sollen, dass ausgehend vom Auslöser (z. B. Kunde) ein für ihn sichtbares Ergebnis (z. B. Auslieferung der Ware) erzielt wird. Im Kopfbereich der Prozesslandkarte werden Steuerungsprozesse abgebildet, im unteren Bereich die Unterstützungsprozesse. Das zentrale Element sind die Kernprozesse eines Unternehmens, die im mittleren Bereich mit ihren wesentlichen Prozessschritten etwas detaillierter dargestellt werden (Abb. 4.1).

4.1.2 Modellierungsbeispiel: Prozesslandkarte Möbelhaus

Für das hier skizzierte Möbelhaus wurden von Linda im Rahmen ihrer Interviews 4 Steuerungs- 3 Kern- und 5 Unterstützungsprozesse identifiziert. Sie sind nachfolgend zunächst ohne weitere Erklärungen aufgelistet.

Steuerungsprozesse

- Unternehmen leiten
- Personal führen
- Prozesse steuern
- Produktqualität sicherstellen

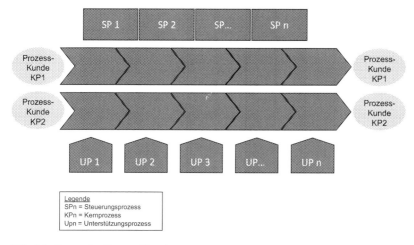

Abb. 4.1 Prozesslandkarte – Notation

Kernprozesse

- Möbel herstellen: Markt analysieren, Produkte designen, Produktion planen, Materialien beschaffen, Möbel produzieren, Möbel lagern
- Möbel verkaufen: Kunden begrüßen, Kunden beraten, Ware verpacken, Ware übergeben, Zahlung abwickeln
- Reklamationen bearbeiten: Reklamation erfassen, Ursachen klären, Kompensation veranlassen, Kauf rückabwickeln, Zufriedenheit erfassen

Unterstützungsprozesse

- Finanzierung und Liquidität sicherstellen
- Gebäude instand halten
- Fuhrpark verwalten
- IT-Services bereitstellen
- Gehälter und Löhne abrechnen

Aus diesem Material ergibt sich unter Zugrundelegung der vorgestellten Notation die in xx dargestellte Prozesslandkarte für den Ist-Zustand im Möbelhaus.

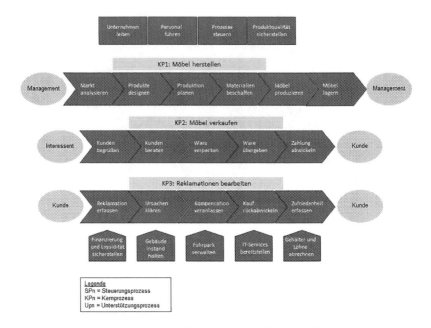

Abb. 4.2 Ist-Prozesslandkarte des Möbelhauses – modelliert mit MS Powerpoint

Linda hat die erste Version der Prozesslandkarte (vgl. Abb. 4.2) mit einem Grafikprogramm aus Ihrem Office-Paket erstellt (MS Powerpoints). Ihr ist aufgefallen, dass Sie damit ja nur ein Bild bzw. eine Grafik hat, dass auf ihrem Rechner gespeichert ist.

Sie recherchiert nach Modellierungswerkzeugen, die cloudbasiert eingesetzt werden können und weitere Möglichkeiten der Modellierungsunterstützung (z. B. verteiltes Arbeiten, Syntaxcheck, Verbindung mehrerer Modelle, Simulation) bieten. Wichtig ist ihr vor allem, dass mehrere Personen an den Modellen arbeiten können bzw. diese einsehen können und dass die Prozesslandkarte später mit Detailmodellen verlinkt werden kann, sodass eine interaktive Navigation möglich ist.

In der Abb. 4.3 ist das von Linda überarbeitete Modell der Prozesslandkarte zu sehen, das mit dem Werkzeug BicDesign (https://www.gbtec.com/de/software/bic-process-design/) erstellt wurde.

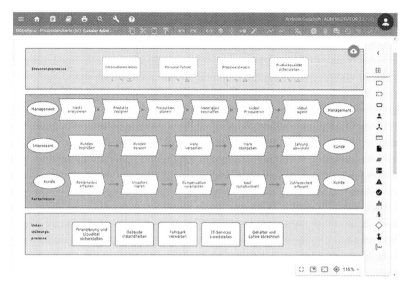

Abb. 4.3 Ist-Prozesslandkarte des Möbelhauses – modelliert mit dem Tool „BicDesign"

4.1.3 Bewertung der Prozesslandkarte

Folgende Eigenschaften zeichnen eine „gute" Prozesslandkarte aus (vgl. Gadatsch, 2023):

- **Übersichtlichkeit**: Die Prozesslandkarte sollte möglichst auf einer Seite Platz finden. Sie sollte in übersichtlicher Form den Sachverhalt beschreiben, Details und Prozessvarianten sind zu vermeiden.
- **Erkennbarkeit**: Der dargestellte Unternehmenstyp (z. B. Möbelhaus) sollte für einen externen Betrachter eindeutig erkennbar sein.
- **Prägnanz**: Es sind aussagekräftige Bezeichnungen für Prozessschritte zu verwenden. Allgemeingültige Beschreibungen ohne Bezug zum Unternehmenstyp sind zu vermeiden (Nicht: „Einkauf-Lagerung-Verkauf", sondern z. B. „Beschaffung von Möbeln ..." bei einem Möbelhaus)
- **Kernprozesse**: Unternehmen unterscheiden sich vor allem in ihren Kern-

Tab. 4.1 Bewertung
Prozesslandkarte

Vorteile	Nachteile
Einfach zu nutzen	Nur für Prozessüberblick einsetzbar
Übersichtlich	Verzweigungen nicht abbildbar
Geringer/Kein Schulungsaufwand	Für Detailanalyse ungeeignet
Keine Tools notwendig	Begrenzte Aussagekraft

prozessen. Daher sollten diese in der Prozesslandkarte detaillierter mit den zentralen Prozessschritten herausgestellt werden.

• **Symbole**: Nutzung von einfachen Symbolen, getrennt nach Prozesstypen (mit Legende)

Fazit: Eine „gute" Prozesslandkarte erkennt man daran, dass ein Leser unmittelbar einen Überblick über die wesentlichen Prozesse und damit das Kerngeschäft des Unternehmens erhält.

Die Prozesslandkarte ist ein weit verbreitetes Instrument zur übersichtlichen Darstellung von Gesamtzusammenhängen. Mit ihrer Hilfe lässt sich ein Unternehmen mit seinen wesentlichen Prozessen (Führungsprozesse, Kernprozesse, Unterstützungsprozesse) anschaulich darstellen. Der Einarbeitungsaufwand für die Erstellung und insbesondere die passive Verwendung ist minimal, da nur wenige Symbole herangezogen werden. Zudem ist diese Methode nicht normiert, was es ermöglicht, eine eigene Symbolik zu entwerfen und einzusetzen. Die Argumente sind in Tab. 4.1 zusammengefasst.

4.2   Erstellung fachlicher Prozessmodelle

4.2.1   Tabellarische Prozessmodellierung

4.2.1.1   Historie
Für die „schnelle" Erhebung von Prozessen in Workshops werden in der Praxis seit langem einfache „Prozesserhebungsformulare" in Tabellenform eingesetzt. Auch wenn die formalen Ansprüche an solche Konzepte nicht sehr hoch sind, ist der praktische Nutzen durchaus bedeutsam.

Die leichte Verständlichkeit und einfache Präsentation der Inhalte sind Aspekte, die für die Ersterhebung oder übersichtliche Darstellung der wesentlichen Prozesselemente von hohem Nutzen sind.

4.2.1.2 Notation

Ein einfaches Formular zur Erhebung von Prozessinformationen ist in Abb. 4.4 dargestellt. Die Notation ist nicht normiert und vergleichsweise einfach ausgeprägt. Im Kopfbereich des Formulars wird der Prozess allgemein mit einigen Attributen wie „Prozessname", „Datum", „Ersteller" erörtert. Wichtig ist das Attribut „Ergebnisse", welches den grundsätzlichen Output des Prozesses beschreibt. Im darunterliegenden Bereich werden die Prozessschritte sequentiell beschrieben, wobei für jeden Prozessschritt mindestens eine Bezeichnung, ein Verantwortlicher, der notwendige Input (Informationen, Sachmittel), der Output (Informationen, Ergebnisse) und die benutzte Software festgehalten werden sollten. Sinnvoll ist u. U. auch, eine Messgröße für das Prozesscontrolling festzulegen, um den Erfolg der Prozessausführung überwachen zu können.

Prozessname		Datum		Ersteller	
Auslöser			Ergebnisse		
Rollen			Beschreibung		
Prozessverantwortlicher					
Beteiligte					
Zu Informieren					
Prozessschritt	Verantwortlich	Input	Output	IT-Einsatz	Messgröße
Bemerkungen					

Abb. 4.4 Tabellarische Prozesserhebung Formular

Prozessname: Möbel verkaufen		Datum: 11.07.2022		Ersteller: Linda	
Auslöser: Kunde kommt ins Möbelhaus			**Ergebnisse:** Kunde hat Möbel gekauft		
Rollen			**Beschreibung**		
Prozessverantwortlicher			Verkaufsberater bzw. Verkaufsberaterin		
Beteiligte			Kunde, Lager, Kasse		
Zu Informieren			-		
Prozessschritt	**Verantwortlich**	**Input**	**Output**	**IT-Einsatz**	**Messgröße**
Kunde begrüßen	Verkaufs-berater -in				Anzahl Kunden / Tag
Kunde beraten	Verkaufs-berater/-in		Angebot / Vorschlag	Warenwirtschafts-system	
Ware aus Lager entnehmen	Lager-mitarbeiter/-in	Materialnummer		Warenwirtschafts-system	
Ware übergeben	Verkaufs-berater/-in				
Kunde verabschieden	Verkaufs-berater/-in				
Ware bezahlen	Kunde	Geld, Karten	Quittung	Kassensystem	
Bemerkungen: Kunden kommen zu unterschiedlichen Zeiten, ein Kauf kommt in ca. 30-60% der Beratungsfälle vor, viele Kunden gehen auch nach der Beratung wieder, weil Sie sich nicht entscheiden konnten oder wollten					

Abb. 4.5 Tabellarische Prozesserhebung: „Möbel verkaufen"

4.2.1.3 Modellierungsbeispiele

In der Abb. 4.5 ist der von unserer Business Analystin Linda modellierte Prozess „Möbel verkaufen" zu sehen, der noch wenige Details enthält, aber die Struktur bereits sichtbar macht. Die Tabelle enthält bereits die wichtigsten Daten zum Prozess sowie einige Bemerkungen in der Fußzeile, die aufgrund des Gesprächs von Linda mit den Mitarbeiterinnen und Mitarbeitern im Möbelverkauf erhoben wurden. Verzweigungen im Ablauf lassen sich jedoch mit der Methode nur schwer darstellen. Der Fokus sollte daher auf dem „Happy Path", also dem normalen Ablauf, liegen. In diesem Fall wurde nur der erfolgreiche Verkauf beschrieben. Der Abbruch des Beratungsgespräches und eine ggf. spätere Wiederaufnahme bleiben unberücksichtigt.

4.2.1.4 Bewertung

Die tabellarische Prozessmodellierung eignet sich für die schnelle Erhebung von Ist-Prozessen einfacher und maximal mittlerer Komplexität. Denkbar sind auch Einsatzmöglichkeiten im Rahmen der Soll-Modellierung, wenn neue Lösungen

	Vorteile	Nachteile
Tab. 4.2 Bewertung Tabellarische Modellierung	Einfach zu nutzen	Nur für einfache Prozesse möglich
	Übersichtlich	Verzweigungen kaum abbildbar
	Geringer/Kein Schulungsaufwand	Für umfangreiche Prozessanalyse ungeeignet
	Keine Tools notwendig	Nur für die fachliche Modellierung geeignet

entwickelt werden sollen. Sobald die Prozesse komplexer sind, insbesondere, wenn Verzweigungen im Ablauf modelliert werden sollen, ist die Methode weniger geeignet.

Einige Toolhersteller nutzen tabellarische Prozessaufnahmen um hieraus „Rohprozessmodelle" zu generieren. Diese Vorgehensweise hat den Vorteil, dass im Rahmen der Ist-Erhebung von Prozessen mit den Mitarbeiterinnen und Mitarbeitern der Fachabteilung zunächst mit einer einfachen Methode gearbeitet werden kann. Später können dann die Arbeiten mit einer verfeinerten Notation fortgesetzt werden. Die Argumente sind in Tab. 4.2 zusammengefasst.

4.2.2 Swimlane

4.2.2.1 Historie

Die Swimlane-Diagramme wurden Anfang der 1990er Jahre entwickelt, um Geschäftsprozesse in einfacher Weise darzustellen (vgl. Binner, 2000). Allerdings ist die Urheberschaft nicht eindeutig, da spaltenorientierte Darstellungen.

4.2.2.2 Notation

Die Gestaltung orientiert sich an einem aus der Vogelperspektive betrachteten Schwimmbecken. Das Becken ist der Gesamtkontext, also z. B. das betrachtete Unternehmen oder ein größerer Ausschnitt davon. Die Schwimmbahnen (Lanes) stehen für Verantwortungsbereiche von Akteuren (z. B. Abteilung) zwischen denen die zugeordnete Verantwortung für einen Prozessabschnitt hin und her pendelt, bis der gesamte Prozess abgeschlossen ist. Die grafischen Elemente der Swimlane-Modelle (Notation) sind in der Abb. 4.6 dargestellt.

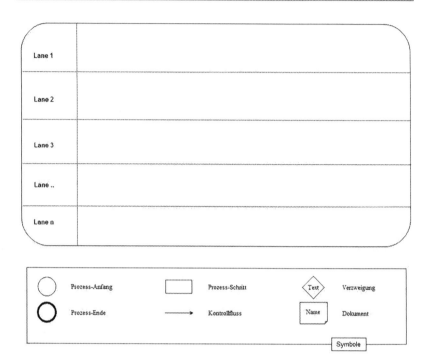

Abb. 4.6 Swimlane-Notation

4.2.2.3 Modellierungsbeispiele

Aufgrund des naturgemäß großen Platzbedarfes für grafische Prozessmodelle wird zur Reduktion der Komplexität der Modelle häufig nur der Standardfall (z. B. „Kunde kommt in den Laden und kauft Ware") modelliert. Wichtige Sonderfälle (z. B. „Ware ist nicht Verfügbar, Kunde muss nochmal wiederkommen") werden dann als eigene Diagramme dargestellt.

In unserem Anwendungsfall muss die Business Analystin Linda alle Prozesse, die in der Prozesslandkarte dokumentiert sind, zunächst priorisieren, damit sie sich auf die wichtigen Prozesse konzentrieren kann. Sie modelliert nach Rücksprache mit dem Inhaber des Möbelhaues zunächst die Kernprozesse „Möbel herstellen", „Möbel verkaufen" und „Reklamationen bearbeiten", da diese für die Kunden besonders wichtig und damit auch für das Unternehmen als geschäftskritisch einzustufen sind.

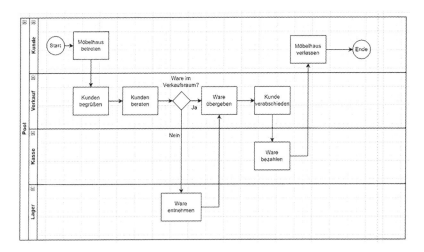

Abb. 4.7 Ist-Modell des Prozesses „Möbel verkaufen" als Swimlane, modelliert mit dem Werkzeug „Draw.io"

Das Beispiel in Abb. 4.7 zeigt den Prozess „Möbel verkaufen" als Swimlane-Diagramm, welches mit dem Werkzeug Draw.io erstellt wurde. In diesem Fall handelt es sich um den Standardfall, d. h. die Ware ist entweder im Verkaufsraum oder auf Lager.

4.2.2.4 Bewertung
Die Swimlane-Methodik ist leicht zu erlernen, da sie sich auf das wesentliche an der Prozessmodellierung beschränkt, der Darstellung des Ablaufs und der Zuständigkeiten. Dies dürfte ein Grund für ihre hohe Verbreitung sein.

Allerdings kann Sie aufgrund des Zeilenkonzeptes (Spaltenweise Darstellung sind z. T. auch üblich) keine allzu umfangreichen Modelle beschreiben, ohne dass es an der Übersichtlichkeit mangelt. Mit modernen Modellierungswerkzeugen, welche Zoom- und Verfeinerungsoptionen bieten, kann diese Schwäche aber gemildert werden. Da die Notation bislang nicht normiert wurde, sind in der Praxis viele Varianten üblich. Die Argumente sind in Tab. 4.3 zusammengefasst.

Tab. 4.3 Bewertung Swimlane Modellierung

Vorteile	Nachteile
Einfach zu nutzen	Nur für einfache und wenig komplexe Prozesse möglich
Übersichtlich, vor allem Abteilungswechsel	Für umfangreiche Prozessanalyse weniger gut geeignet, da die Modelle unübersichtlich werden
Geringer Schulungsaufwand	Notation ist nicht standardisiert, d. h. je nach Tool unterscheiden sich die Symbole
Einfache Verzweigungen abbildbar	Nur für die fachliche Modellierung geeignet
Für Information neuer Mitarbeiter oder externer Personen gut geeignet	
Tools nicht zwingend notwendig, aber für flächendeckenden Einsatz sinnvoll	

4.2.3   EPK/eEPK

4.2.3.1 Historie

Die Ereignisgesteuerte Prozesskette (EPK) wurde Anfang der 1990er Jahre vom Wirtschaftsinformatikprofessor A.-W. Scheer und seinen Doktoranden G. Keller und M. Nüttgens an der Universität des Saarlandes entwickelt, um Prozesse aus fachlicher Sicht zu beschreiben und damit eine Basis für die IT-Umsetzung bereitzustellen (vgl. Keller et al., 1992). Sie gehört damit zu den klassischen Methoden der Prozessmodellierung, die in vielen Unternehmen zum Einsatz gekommen ist und auf dem Lehrplan von vielen Berufskollegs und Hochschulen steht.

Die EPK-Notation wurde vielfach modifiziert und in verschiedenen Varianten eingesetzt. Eine einheitliche standardisierte Version, wie z. B. bei der Methode BPMN 2.0 liegt bis heute nicht vor, was aber der Beliebtheit der Methode in Ausbildung und Praxis nicht schadet.

4.2.3.2 Basis-Notation der EPK

Die Basisnotation der EPK beschreibt ausschließlich den Ablauf des Geschäftsprozesses mit wenigen Grundsymbolen und verzichtet auf unnötige Details. Ziel ist es, die Prozesslogik fokussiert darzustellen.

Der Ausgangspunkt eines Prozesses ist ein sogenanntes „Ereignis". Es beschreibt die Frage, wodurch der Prozess ausgelöst wird. Dies kann z. B. der Eingang einer Bestellung per Email sein oder der Anruf eines Kunden, der eine Beschwerde hat.

Gegebenenfalls können auch mehrere Ereignisse erforderlich sein. So wird z. B. die Begleichung einer Rechnung über Möbelbeschläge nur dann erfolgen, wenn mehrere Vorbedingungen zugleich erfüllt sind (z. B. Ware eingegangen, Qualität geprüft u. a.). Nach dem auslösenden Ereignis wird eine Funktion, also eine Tätigkeit, ausgeführt. Eine Funktion beschreibt einen „aktiven" Vorgang, bei dem z. B. ein Auftrag bearbeitet wird oder Daten erfasst werden. Eine Funktion verbraucht also Zeit, ein Ereignis dagegen nicht. Die vier Grundelemente der EPK sind:

- Die **Funktion**, die den Zustand von Objekten ändert,
- das **Ereignis**, das Zustandsänderungen von Objekten auslöst,
- die **Kante**, welche Funktionen und Ereignisse verknüpft und
- der **Konnektor**, der Funktionen und Ereignissen zu einem Prozess verbindet.

Funktion

Funktionen beschreiben Transformationsprozesse von Informationsobjekten zur Erreichung von Unternehmenszielen. Sie können auf unterschiedlichen Ebenen beschrieben werden. Ein Prozess oder eine Vorgangskette ist demnach ein umfangreicher Ablauf (z. B. Verkauf von Ersatzteilen für Möbel). Eine Funktion ist eine komplexe Tätigkeit, die noch weiter untergliedert werden kann und die direkt in einen Prozess eingeht (z. B. Auftragsabwicklung). Die durch das Funktionssymbol beschriebene Tätigkeit wird durch Akteure (Menschen oder Software) ausgeführt.

Eine Teilfunktion ist eine Tätigkeit, die in weitere Teilfunktionen oder Elementarfunktionen zerlegt werden kann und in eine übergeordnete Funktion eingeht (z. B. Auftragsprüfung). Elementarfunktionen sind Tätigkeiten, die nicht weiter zerlegt werden können oder sollen. Ein Kriterium für die maximal sinnvolle Zerlegung von Prozessen ist die sinnvolle geschlossene Bearbeitung der Funktion an einem Arbeitsplatz (z. B.: Prüfung der Verfügbarkeit von Material für die Möbelproduktion.

Die Darstellung von Funktionen erfolgt als Rechteck mit abgerundeten Kanten (vgl. Abb. 4.8). Die Funktion beschreibt eine Aufgabe, die durch Menschen oder Systeme ausgeführt werden. Funktionen können Entscheidungen treffen. Die Funktion bezieht sich auf ein oder mehrere Informationsobjekte und eine Tätigkeit, welche die Informationen verändert. Die Bezeichnung der EPK setzt sich aus diesem Grund aus einem Informationsobjekt (Substantiv) und einer Beschreibung der Verrichtung (Verb) zusammen. Beispiele für Funktionen sind z. B. „Auftrag anlegen", „Bestellung prüfen", „Mitarbeiter bewerten", „Kalkulation erstellen", Rechnung buchen".

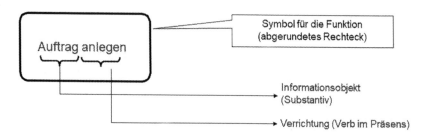

Abb. 4.8 EPK-Notation „Funktion"

Ereignis

Ereignisse stellen nur Zustände dar und können keine Entscheidungen treffen. Sie lösen Funktionen aus und sind wiederum Ergebnisse bereits ausgeführter Funktionen. Ereignisse können innerhalb („Bewerber wurde abgelehnt") und außerhalb des Unternehmens („Bewerbung ist erstellt") auftreten. Durch die Bearbeitung eines Objektes wird dessen Zustand verändert. So wird z. B. eine Bestellung eines Kunden um relevante Ordnungsmerkmale wie die Kundennummer, Materialnummern etc. ergänzt.

Ereignisse werden als Sechsecke dargestellt (vgl. Abb. 4.9). Die Bezeichnung eines Ereignisses setzt sich zusammen aus einem Informationsobjekt (Substantiv) des zugrunde liegenden Datenmodells und einem Verb im Perfekt, d. h. einem eingetretenen Zustand. Beispiele für Ereignisse sind „Kreditlimit ist überschritten", „Auftrag ist eingegangen", „Angebot wurde erstellt".

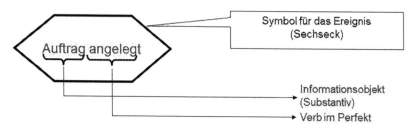

Abb. 4.9 EPK-Notation „Ereignis"

4.2.3.3 Erweiterte Ereignisgesteuerte Prozesskette (eEPK)

Die bislang eingeführte Notation der EPK reicht der Business Analystin Linda natürlich nicht aus, um aussagekräftige Modelle für den praktischen Einsatz in ihrem Unternehmen zu erstellen. Sie schaut sich daher die Erweiterungen der EPK an.

Die EPK wurde um die Elemente „Organisatorische Einheit"; „Informationsobjekt", „Anwendungssystem" und „Datenfluss" erweitert, die nachfolgend zunächst verbal beschrieben werden.

Die **organisatorische Einheit** dient zur Beschreibung der an einem Prozess beteiligten Personen, Rollen, Stellen, Abteilungen oder auch externer Partner, wie z. B. Kunden beim Verkaufsprozess, Bewerber bei der Mitarbeiterakquise. In der Standardnotation von 1991 wird ein Oval mit Text genutzt. Moderne Tools setzen farblich gestaltete Rechtecke ein.

Das **Informationsobjekt** bildet die vom Prozess verarbeiteten Informationen (Input- und Output) ab. In der Originalnotation wird ein einfaches Rechteck mit Text genutzt. Ähnlich gehen auch aktuelle Modellierungstools vor.

Das **Anwendungssystem** dient der Darstellung der Informationsverarbeitungsunterstützung der Geschäftsprozesse. In der Originalnotation wird ein Rechteckt mit verdoppelten Seitenkanten eingesetzt. Modellierungswerkzeuge verwenden verschiedene Symbole, oft mit einem Computersymbol erweitert.

Der **Datenfluss** dient der Verknüpfung von Funktion und Informationsobjekt und zeigt, ob eine Funktion Daten nutzt, verändert oder erzeugt. Hierzu wird ein Pfeil verwendet. Zeigt der Pfeil auf die Funktion, so handelt es sich um die Verarbeitung („Eingabe") von Daten in der Funktion. Geht der Pfeil von der Funktion weg, bedeutet dies, dass die angegebenen Daten von der Funktion erzeugt werden.

Begriffssystem

Das vollständige Begriffssystem und die hieraus abgeleitete Originalnotation nach Keller, Nüttgens und Scheer (1992) wird als „erweiterte Ereignisgesteuerte Prozesskette" (kurz „eEPK") bezeichnet (vgl. Abb. 4.10).

Die vollständige Notation der eEPK ist in Abb. 4.11 zusammengefasst. Die Symbole lassen sich in verschiedene Kategorien unterteilen: Ereignisknoten (Darstellung von Ereignissen), Aktivitätsknoten (Darstellung von Aktivitäten), Bedingungsknoten (Darstellungen von Bedingungen, die über den weiteren Arbeitsablauf entscheiden), Organisationsknoten (Darstellung der beteiligten organisatorischen Einheiten), Kontrollflusskante (Darstellung der Reihenfolge der Aktivitäten),

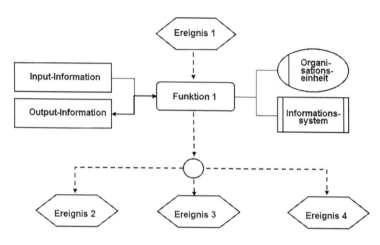

○   = Verknüpfungsoperator

(xoR) = entweder -oder („eines von beiden")

(△) = und („beides")

(∨) = und / oder („mindestens eines von beiden")

Abb. 4.10 Modellierungselemente der eEPK nach Keller, Nüttgens und Scheer, 1992

Datenflusskante (Darstellung von Input- und Output-Beziehungen zwischen Informationsobjekten und Funktionen) und Zuordnungsbeziehungskante (Zuordnung der
an einer Funktion beteiligten organisatorischen Einheiten).

Wichtige Modellierungsregeln
Die Modellierung mit Hilfe der eEPK bzw. EPK folgt einigen Regeln, um eine einheitliche Nutzung der Notation sicherzustellen und Fehler bzw. Fehlinterpretationen
zu vermeiden:

- Jede eEPK/EPK beginnt und endet mit mindestens einem Ereignis,
- Ereignisse und Funktionen wechseln sich grundsätzlich ab,
- der Verlauf des Prozesses wird von oben nach unten modelliert,
- für Verzweigungen und Zusammenführungen der Ablauflogik sind Konnektoren
  zu verwenden,

Symbol	Benennung	Bedeutung	Kanten-/ Knotentyp
⬡	Ereignis	Beschreibung eines eingetretenen Zustandes, von dem der weitere Verlauf des Prozesses abhängt	Ereignisknoten
▭	Funktion	Beschreibung der Transformation von einem Inputzustand zu einem Outputzustand.	Aktivitätsknoten
XOR	„exklusives oder"		Bedingungsknoten
V	„oder"	Logische Verknüpfungsoperatoren beschreiben die logische Verknüpfung von Ereignissen und Funktionen	
∧	„und"		
⬭	Organisatorische Einheit	Beschreibung der Gliederungsstruktur eines Unternehmens	Organisationsknoten
▭	Informationsobjekt	Abbildung von Gegenständen der realen Welt	Aktivitätsknoten
⊓	Anwendungssystem	Anwendungssysteme zur Prozessunterstützung (z. B. SAP ERP)	Aktivitätsknoten
– – – →	Kontrollfluss	Zeitlich-logischer Zusammenhang von Ereignissen und Funktionen	Kontrollflusskante
——→	Datenfluss	Beschreibung, ob von einer Funktion gelesen, geschrieben oder geändert wird.	Datenflusskante
....	Zuordnung	Zuordnung von Ressourcen / organisatorischen Einheiten	Zuordnungs-beziehungskante

Abb. 4.11 Notationselemente der eEPK

- nach einem Ereignis, dass eine Verzweigung einleitet, darf nur der (unbedingte) UND-Konnektor stehen, falls bedingte Verzweigungen mit dem XOR oder OR-Konnektor beschrieben werden sollen, ist diesem eine Funktion voranzustellen, in der die „Entscheidung" getroffen werden kann.
- Der Kontrollfluss (Ablauflogik) wird durch einen Pfeil beschrieben, der die Ereignisse und Funktionen und ggf. die Konnektoren verbindet
- Informationen die von einer Funktion verarbeitet werden, sind durch einen zur Funktion hinführenden Pfeil zu modellieren,
- Informationen die von der Funktion erzeugt werden, sind durch einen von der Funktion wegführenden Pfeil darzustellen,
- Informationssysteme und Organisationseinheiten werden durch eine einfache Kante mit der Funktion verbunden.

Die Notation hat sich im Laufe der Jahre gewandelt und wird von verschiedenen Toolherstellern immer wieder neu „interpretiert" und grafisch anders ausgeprägt. Die nachfolgenden Beispielmodelle werden dies zeigen.

4.2.3.4 Modellierungsbeispiele

Unsere Business-Analystin Linda hat sich nach der Lektüre der einschlägigen Literatur damit beschäftigt, ausgewählte Prozesse alternativ zur Swimlane auch mit der EPK-Methode und deren Erweiterung zu modellieren.

Die Abb. 4.12 zeigt den Prozess „Reklamationen bearbeiten" zunächst als einfaches EPK-Modell, ohne die Erweiterungen der eEPK. Diese werden später aufgenommen. Die Modellierung erfolgte mit dem Werkzeug „Aris-Express" der Software AG, Darmstadt.

Da mit der EPK im Gegensatz zur Swimlane-Methodik auch „Zwischenereignisse" modelliert werden, ist der Platzbedarf deutlich größer. Dies zeigt sich vor allem, wenn auch die Erweiterungen zur eEPK modelliert werden. In der Praxis ist daher bei Einsatz dieser Methode ein Modellierungstool erforderlich, um im Modell geeignet zu navigieren, was hier im Buch nicht optimal vorgestellt werden kann. Aus diesem Grund wird zunächst in Abb. 4.13 ein Auszug aus der erweiterten EPK gezeigt, der den Beginn des Prozesse „Reklamationen bearbeiten" betrifft. Die Symbole sind wie bereit angesprochen, anders ausgeprägt, als im Originalaufsatz von Keller, Nüttgens und Scheer (1991), aber noch ohne weitere Erklärung nachvollziehbar.

Die Erweiterung des Modells aus Abb. 4.13 führt zu einer eEPK-Darstellung mit umfangreichen Details, die in Abb. 4.14 zu sehen sind. Die Bildschirmkopie zeigt links oben in komprimierter Form die vollständige eEPK und rechts/mittig einen Auszug aus dem Modell. In der Praxis werden eEPK-Darstellungen wie hier zu sehen häufig sehr komplex und können nur mit entsprechenden Werkzeugen sinnvoll bearbeitet werden. Dies gilt allerdings für alle realistischen Prozessmodelle unabhängig von der Modellierungssprache.

4.2.3.5 Bewertung

Die EPK bzw. eEPK wurde entwickelt, um komplexe Prozesse formal zu beschreiben und damit eine Kommunikationsgrundlage zwischen Fachabteilungen und IT-Abteilungen zu schaffen. Der große Erfolg in der Praxis zeigt, dass dies gelungen ist. Viele Projekte mit starkem IT-Bezug setzen die Methode auch heute noch ein.

Allerdings ist die Nutzung auf der rein fachlichen Ebene des Prozessmanagements beschränkt, weil eine automatisierte Überführung von eEPK-Modellen in ausführbare Workflows zumindest in der Unternehmenspraxis nicht anzutreffen ist. Die Argumente sind in Tab. 4.4 zusammengefasst.

Abb. 4.12 Istmodell des
Prozesse „Reklamationen
bearbeiten" als EPK-Modell
modelliert mit
ARIS-Express

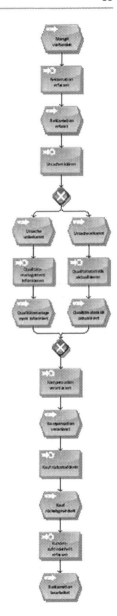

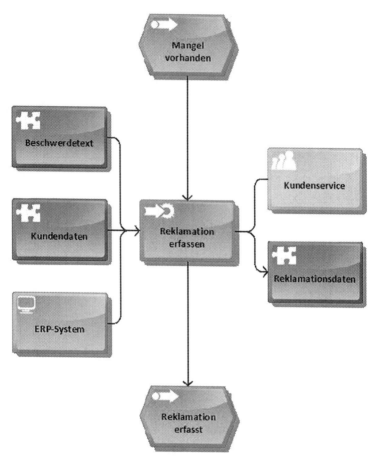

Abb. 4.13 Ist-Modell des Prozesses „Reklamationen bearbeiten" – Auszug aus einer eEPK

4.2.4 BPMN

4.2.4.1 Historie

Die Business Process Model and Notation (BPMN) ist eine weltweit normierte
Methode zur Darstellung und Ausführung von Prozessen, welche ursprünglich
2002 vom IBM-Mitarbeiter Stephen White entwickelt wurde. Ihr Erfolg in der
Praxis begann mit der Version BPMN 2.0, die 2010 vorgestellt wurde (vgl. Spath

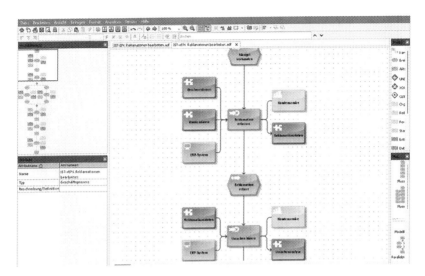

Abb. 4.14 Ist-Modell des Prozesses „Reklamationen bearbeiten" – Vollständige eEPK – modelliert mit ARIS-Express

Tab. 4.4 Bewertung EPK/eEPK-Modellierung

Vorteile	Nachteile
Hoher Bekanntheitsgrad im deutschen Sprachraum	Schulung erforderlich, da Notation und Regeln für Einsteiger nicht selbsterklärend sind
Im IT-Umfeld, speziell beim Einsatz von SAP-Software seit langem im Einsatz	Bei professionellem Einsatz sind Modellierungstools erforderlich
Im Vergleich zu anderen professionellen Methoden wie der BPMN vergleichsweise wenig Symbole	Komplexe Prozesse erfordern viel Platz
Tools nicht zwingend notwendig, aber für flächendeckenden Einsatz sinnvoll	Notation ist nicht standardisiert, d. h. je nach Tool unterscheiden sich die Symbole
	Nur für die fachliche Modellierung geeignet

et al., 2010, S. 16). Die jeweils aktuelle Version kann auf der Webseite der OMG (www.omg.org) abgerufen werden.

4.2.4.2 Notation
Pools und Lanes

Der Grundaufbau der BPMN orientiert sich an den bereits vorgestellten Swimlane-Diagrammen. Die BPMN kennt Pools (eigenständige Prozesse) und Lanes (Abteilungen, Verantwortungsbereiche) (vgl. Abb. 4.15). Zwischen Pools können Nachrichten ausgetauscht werden, die einen Einfluss auf den jeweils anderen Prozess haben.

Ereignisse
Wie bei der Swimlane werden Start-, ggf. Zwischen- und Endereignisse modelliert, für die es eine Vielzahl von Varianten gibt. Aktivitäten repräsentieren die Aufgaben eines Prozesses, Gateways werden für Verzweigungen und Zusammenführungen von Prozessen verwendet. Auch hier werden sehr viele Varianten angeboten, die für die Modellierung genutzt werden können. In der Darstellung Abb. 4.16 sind die Standardereignisse eingesetzt worden, die für normale fachliche Modelle völlig ausreichend sind.

Gateways
Gateways dienen dazu, mögliche Verzweigungen (SPLIT) oder Zusammenführungen von Pfaden in Prozessen darzustellen. Sie bilden also verschiedene Varianten, die der konkrete Ablauf in einem Prozessmodell verfolgen kann.

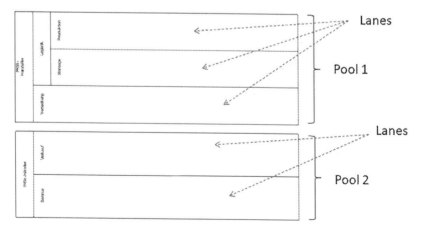

Abb. 4.15 BPMN-Notation: Pools und Lanes

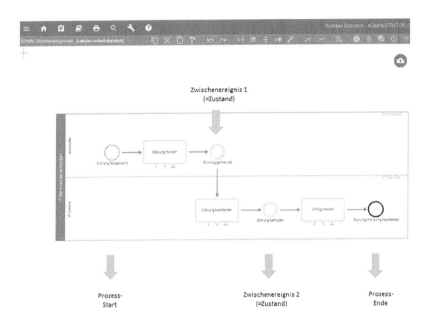

Abb. 4.16 BPMN: Standardereignisse

Das „Exclusive Gateway" entspricht dem XOR-Konnektor der eEPK-Methode. Es wird ein Pfad aus mehreren Möglichkeiten (Auswahl 1 aus n) für den weiteren Ablauf (SPLIT) bzw. die Zusammenführung aus mehreren Pfaden (JOIN) ausgewählt.

Der „Parallele Gateway" entspricht dem UND-Konnektor (Auswahl n aus n) der eEPK-Methode. Der Vorgang wird in allen Pfaden weiter fortgesetzt (SPLIT) bzw. es wird bis zur Fortsetzung auf alle eingehenden Pfadereignisse gewartet (JOIN).

Beim „Inclusiven Gateway" werden ein oder mehrere Pfade ausgewählt. Er entspricht dem „OR"-Konnektor der EPK-Methode (Auswahl x aus n, x = 1, …n).

Die Abb. 4.17 zeigt einen Ausschnitt des Auftragsbearbeitungsprozesses des Möbelhauses, bei dem mehrere Gateways verwendet werden. Nach der Auftragserfassung leitet das „Parallelgateway" die Warenreservierung und Auftragsbestätigung ein. Hiernach leitet der „Exclusive Gateway" entweder die Nachbestellung von Ware ein oder die Kommissionierung. Danach folgte die Auslieferung der Ware, entweder vollständig per Spedition, Bote oder Luftfracht oder in einer beliebigen Kombination als Teillieferung, also z. B. ein Teil per Bote und per Luftfracht.

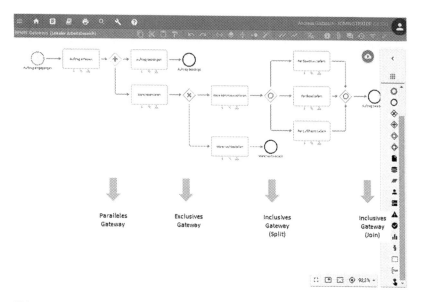

Abb. 4.17 BPMN: Gateways

Das „Komplexe Gateway" wendet beliebige (komplexe) Regeln an. Es kommt zum Einsatz, wenn die klassischen Gateways („XOR", „AND", „ODER") einen Sachverhalt nicht oder nur sehr unübersichtlich abbilden können. In der Praxis wird das komplexe Gateway allerdings selten eingesetzt, da die technische Ausführung schwer zu realisieren ist. Es kann aber zur fachlichen Modellierung genutzt werden.

Eine Auflistung aller Gateways ist in der BPMN-Dokumentation ausführlich beschrieben und kann von der Webseite der OMG heruntergeladen werden (https://www.omg.org/bpmn/index.htm).

Daten
BPMN ist als Modellierungssprache für Prozesse konzipiert worden, d. h. der Schwerpunkt der Modellierung liegt auf dem Kontrollfluss (Reihenfolge der Schritte) und dem Nachrichtenfluss zwischen verschiedenen Prozessschritten.

BPMN stellt darüber hinaus verschiedene Ausdrucksmöglichkeiten für die Datenmodellierung bereit:

- **Datenspeicher** werden dauerhaft von mehreren Prozessschritten genutzt,
- **Datenobjekte** werden von Prozessschritten erzeugt oder verarbeitet.

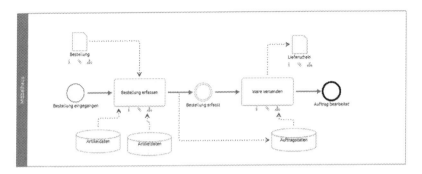

Abb. 4.18 BPMN – Datenspeicher für mehrere Schritte

Abb. 4.18 zeigt ein Beispiel aus der Auftragsbearbeitung, bei der Datenobjekte und Datenspeicher modelliert wurden. Die Daten der eingegangenen Bestellung (Datenobjekt) werden gegen Artikel- und Kundendaten (Datenspeicher) verprobt und in der Auftragsdatenbank (Datenspeicher) erfasst. Nach Versand der Ware wird ein Lieferschein (Datenobjekt) erzeugt.

4.2.4.3 Modellierungsbeispiele
Die Business Analystin Linda modelliert den Prozess „Reklamationen bearbeiten" alternativ mit der BPMN-Methode, um herauszufinden, welche Modellierungsmethode für ihre Zwecke passender ist. Die Abb. 4.19 gibt den Prozess als BPMN-Diagramm wieder.

Als weiteren Prozess hat den Verkauf von Möbeln mit einer minimalen Auswahl an Symbolen modelliert, um die Übersichtlichkeit der Darstellung nicht zu verlieren (vgl. Abb. 4.20).

4.2.4.4 Bewertung
Im Vergleich zur eEPK-Methode wird in der Literatur die bessere Anschaulichkeit der BPMN-Methode hervorgehoben, da durch die einfachen Grundsymbole und die Verwendung von Pools und Lanes auch für ungeübte Nutzer der Prozess verständlich dargestellt werden kann (vgl. Krems, 2016).

Die Notation ist weltweit standardisiert, sodass abgesehen von toolabhängigen Variationen BPMN-Diagramme einen hohen Wiedererkennungswert haben und von vielen Personen zumindest gelesen und interpretiert werden können.

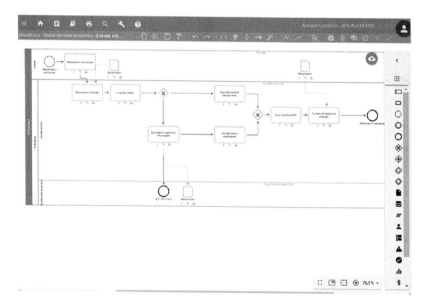

Abb. 4.19 Ist-Modell des Prozesses „Reklamationen bearbeiten" – BPMN – modelliert mit BIC Design

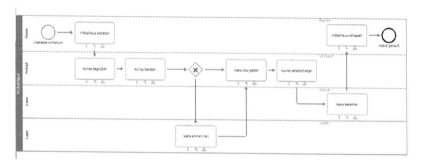

Abb. 4.20 Ist-Modell des Prozesses „Möbel verkaufen" – BPMN – modelliert mit BIC Design

Tab. 4.5 Bewertung BPMN-Modellierung

Vorteile	Nachteile
Hoher Bekanntheitsgrad weltweit, da die Methode standardisiert ist	Umfangreiche Schulungen erforderlich, da Notation und Regeln bei vollständigem Einsatz sehr komplex sind
Im IT-Umfeld seit Jahren im „Aufwind", BPMN wird oft als „Standard" angesehen	Modellierungstools unbedingt erforderlich, da die Sprache nicht nur die fachliche, sondern auch die technische Modellierung umfasst
Basisnotation bauen auf der Swimlane-Methode auf, d. h. die Methode kann auch bei Verwendung weniger Symbole für die fachliche Modellierung genutzt werden	Komplexe Prozesse erfordern viel Platz

Von Nachteil ist der sehr hohe Einarbeitungsaufwand, wenn die vollständige Notation genutzt werden soll. Dies ist allerdings nur dann nötig, wenn technische Detailmodelle für die Erstellung von ausführbaren Workflows erstellt werden sollen. Für die rein fachliche Darstellung von Prozessmodellen ist der Aufwand ähnlich wie bei der eEPK-Methode zu sehen.

Wird die Methode nur zur Dokumentation genutzt, sollte eine Auswahl aus den zahlreichen Symbolen getroffen werden, die z. B. in einem firmenspezifischen Modellierungshandbuch festgehalten werden können. Die Argumente sind in Tab. 4.5 zusammengefasst.

4.3   Methodenvergleich

Die vorgestellten Methoden stellen nur einen kleinen Auszug aus den verfügbaren Methoden dar. In der Praxis ist ein Methodenmix zu empfehlen, der sich an der jeweiligen Zielgruppe orientiert. Für die Überblicksinformation des Managements oder neue Mitarbeiter eignen sich Prozesslandkarten, da sie praktisch ohne Schulung verständlich sind. Ihr Informationsgehalt ist jedoch nur begrenzt sodass eine Verfeinerung der Modelle mittels Swimlanes empfohlen wird, wenn die Darstellung von Organisationsabläufen mit wechselnden „Zuständigkeiten" im Prozess von Bedeutung ist. Zur Erhebung von Prozessen bieten sich auch die tabellarischen Darstellungen an.

Für vollständige Prozessdokumentationen stehen die eEPK und die BPMN zur Verfügung. Organisationen mit Produkten der Walldorfer SAP AG greifen

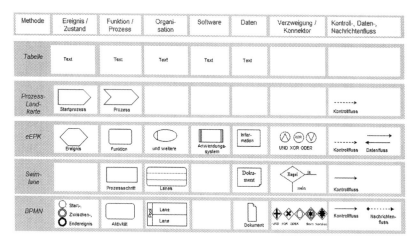

Abb. 4.21 Modellierungsmethoden im Vergleich

häufig auf die eEPK-Notation zurück, da diese lange Zeit im SAP-Umfeld als „Standard" galt. Im internationalen Kontext ist die BPMN-Notation von Vorteil, da sie standardisiert ist und eine große Zahl auch englischer Literatur zur Verfügung steht. Wenn nicht nur die Dokumentation von Prozessen, sondern auch die Ausführung von Workflows angestrebt wird, sollte eher auf die BPMN zurückgegriffen werden, da sie mittlerweile von vielen Workflow-Management-Systemen unterstützt wird. In Abb. 4.21 werden einige zentralen Eigenschaften der Methoden gegenübergestellt.

4.4   Grundsätze ordnungsgemäßer Modellierung

Die Erfahrungen bei der Erhebung und Modellierung von Prozessen des Möbelhauses zeigen unserer Business Analystin Linda, dass bestimmte „Spielregeln" einzuhalten sind, damit mit den Modellen erfolgreich gearbeitet werden kann. So dürfen die Modelle nicht zu grob, aber auch nicht zu detailliert sein und müssen sich an den Bedürfnissen der Zielgruppe orientieren.

So ist zum Beispiel eine Prozesslandkarte für die Geschäftsführung des Möbelhauses informativ, für eine Softwareentwicklerin oder einen Softwareentwickler, die einen Prozess digitalisieren sollen, wäre sie nicht hilfreich. Für die Entwicklung von Software sind präzise Detailmodelle, z. B. auf der Basis von BPMN, erforderlich.

Um derartige Anforderungen zu formulieren, wurden die „Grundsätze ordnungsgemäßer Modellierung (GOM)" entwickelt, deren Begriff sich an die „Grundsätze ordnungsgemäßer Buchführung (GoB)" des Rechnungswesens anlehnt (vgl. Becker, Rosemann und Schütte 2005 und Scheer, 1998, S. 198 ff.). Die GOM beinhalten Regeln in Form von Grundsätzen um qualitativ hochwertige und fehlerfreie Modelle zu erstellen, welche die Arbeit in der Praxis unterstützen:

- Grundsatz der Richtigkeit,
- Grundsatz der Relevanz,
- Grundsatz der Wirtschaftlichkeit,
- Grundsatz der Klarheit,
- Grundsatz der Vergleichbarkeit,
- Grundsatz des systematischen Aufbaus (Scheer, 1998, S. 198 ff.).

Ein Modell ist dann **richtig**, wenn es syntaktisch und semantisch korrekt ist, d. h. es erfolgt korrekte Anwendung der Notation und das Modell ist gegenüber der Realität verhaltenstreu. So muss der Auftragsbearbeitungsprozess beim Verkauf von Möbeln so dargestellt werden, wie er tatsächlich abläuft.

Ein Modell ist dann **relevant**, wenn nur die Teile der Realität im Modell abgebildet werden, die für die Zielsetzung des Modells erforderlich sind. Es wäre z. B. unnötig, beim Reklamationsprozess zu beschreiben, wie der Servicemitarbeiter den Rechner anschaltet, den Bildschirm ausrichtet um dann die Beschwerde zu erfassen. Relevant wäre es zu modellieren, welche Art der Beschwerde erfasst wird und die hierzu notwendigen Daten (z. B. Auftragsnummer, Artikelnummer, Art des Mangels o. ä.).

Ein Modell ist dann **wirtschaftlich**, wenn der Aufwand zur Erstellung dem zu erwartenden Nutzen entspricht aufwendige Ist-Modelle in der Praxis verstoßen oft gegen dieses Prinzip, wenn zu viele unnötige Details und Varianten erstellt werden. Oft wird auch versucht, „alle" Prozesse eines Unternehmens oder Bereiches zu erfassen. Hier sollte man überlegen, welche Prozesse von hoher Priorität für das Unternehmen sind und wo durch Optimierung ein hoher Nutzen erzielt werden kann.

Beispiel für unwirtschaftliche Prozessmodellierung

Ein Möbelhaus lässt alle Ist-Prozesse bis auf die elementare Ebene modellieren, verwendet die Modelle aber nur zur Dokumentation, nicht zur Optimierung.◀

Ein Modell ist dann **klar gestaltet**, wenn es für den Adressaten verständlich ist. Zudem sind Modelle angemessen in Teilmodelle zu strukturieren, um die Übersichtlichkeit nicht zu verlieren. Zu unterscheiden sind Überblicksmodelle für das Management, Detailmodelle für Sachbearbeiter, technische Modelle für Softwareentwickler.

Ein Modell ist **vergleichbar**, wenn die verwendeten Modellierungssprachen (eEPK, BPMN, u. a.) auf vergleichbare Metamodelle zurückzuführen sind, d. h. eine gleiche Struktur haben. Dies erlaubt es z. B. vorhandene Modelle von einem Tool zu einem anderen Tool zu übertragen und u. U. die Modellierungssprache zu wechseln.

Beispiel für vergleichbare Modelle

Ein XOR-Konnektor der eEPK ist vergleichbar mit dem XOR-Konnektor in BPMN. Umgekehrt gibt es aber einige Notationselemente in BPMN, die in der eEPK fehlen (z. B. Nachrichtenfluss). Von daher sind mit der eEPK bzw. BPMN erstellten Modelle nur bedingt vergleichbar.◀

Ein Modell ist dann **systematisch** aufgebaut, wenn unterschiedliche Sichten (z. B. Datensicht, Organisationssicht) in einer Gesamtsicht (z. B. Prozesssicht) integrierbar sind und konsistent modelliert werden.

Analyse und Optimierung von Prozessen

5

5.1 Generelle Möglichkeiten der Prozessoptimierung

Nachdem die Business Analystin Linda die ersten Prozesse ihres Unternehmens in Zusammenarbeit mit den Mitarbeiterinnen und Mitarbeitern des Unternehmens modelliert hat, steht nun deren Analyse und Optimierung an.

Die Zielsetzung der Geschäftsprozessoptimierung ist nach den Vorstellungen der Geschäftsführung des Möbelhauses die nachhaltige Verbesserung der Wettbewerbsfähigkeit des Unternehmens. Hierzu soll gezielt nach Schwachstellen und Verbesserungsmöglichkeiten gesucht werden, auch im Hinblick auf neue Kundengruppen.

Mögliche allgemeine Ursachen für Optimierungsmöglichkeiten sind (vgl. Gadatsch, 2023):

- Medienbrüche im Arbeitsablauf: Eingabe von Daten in eine PC-Datenbank, die einem ausgedruckten Report aus dem Warenwirtschaftssystem entnommen wurde.
- Bearbeiterwechsel während des Arbeitsablaufes: Der Rechnungseingang erfolgt in der Poststelle, anschließend wird die Rechnung per Hauspost zur Buchhaltung weitergeleitet, nach Bearbeitung wird eine Kopie zwecks Prüfung zum Einkauf weitergegeben.
- Doppelarbeiten: Daten werden doppelt erfasst, da die Zuständigkeiten nicht abgegrenzt sind.
- Warte- oder Liegezeiten: Für die Buchung eines Zahlungsbeleges werden Daten aus der Finanzabteilung benötigt, die Rückfrage bleibt wegen Abwesenheit des Mitarbeiters erfolglos.

Wesentliche allgemeine Ziele der Geschäftsprozessoptimierung sind die Verkürzung der Durchlaufzeit und die Verbesserung der Prozessqualität. Die Abb. 5.1
zeigt in Anlehnung an Bleicher (1991, S. 196) grundsätzliche Gestaltungsmöglichkeiten. Erläuterungen hierzu sind in vgl. Tab. 5.1 zu finden.
Die Restrukturierung von Prozessen kann in unterschiedlicher Form erfolgen. Es lassen sich reine organisatorische Ansätze wie „Weglassen überflüssiger
Aktivitäten" oder technische Maßnahmen wie „Einsatz eines Webportals" oder
Mischformen unterscheiden (vgl. Tab. 5.1).
Neben diesen grundlegenden Methoden kommt häufig das Konzept der Segmentierung zum Einsatz. Hierbei werden Prozessvarianten ermittelt, für die
unterschiedliche Prozesse entwickelt werden. Die Prozessvarianten werden dann
unterschiedlich modelliert und ausgestaltet.
Nach der Kundenberatung im Möbelhaus wird beispielsweise entschieden,
ob es sich um einen „Standardablauf" handelt (z. B. Lagerverkauf von Möbeln

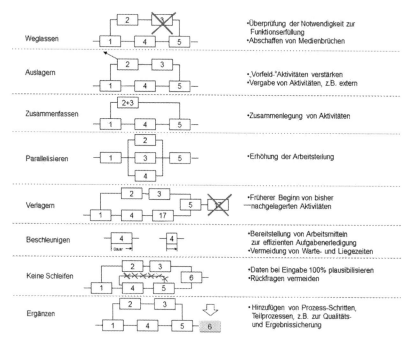

Abb. 5.1   Restrukturierungsansätze (nach Bleicher, 1991, modifiziert)

Tab. 5.1 Grundformen der Restrukturierung von Prozessen nach Bleicher, 1991, modifiziert

Nr	Konzept	Erläuterung
1	Weglassen	Überprüfung der Notwendigkeit von Prozessen oder Teilprozessen zur Funktionserfüllung (z. B. Überflüssige Genehmigungen oder Kontrollen, Doppelarbeiten), Abschaffung von Medienbrüchen
2	Auslagern	Vergabe von Teilprozessen oder vollständigen Prozessketten durch externe spezialisierte Dienstleister (z. B. Buchführung und Bilanzierung durch einen Steuerberater, Möbelversand durch Spediteure, Eintreiben von Forderungen durch Inkassobüros)
3	Zusammenfassen	Arbeitsteilige Aufgaben werden so zusammengefasst, dass ein Bearbeiter zusammengehörige Teilprozesse vollständig ohne Bearbeiterwechsel durchführt (z. B. Kundenberatung bis zur Erstellung des Angebotes, Prüfung von Eingangsrechnungen in fachlicher und steuerlicher Hinsicht.)
4	Parallelisieren	Erhöhung der Arbeitsteilung bei parallelisierbaren Teilschritten (z. B. Möbelmontage von Tischen und Stühlen parallel)
5	Verlagern	Verlagerung von Prozessschritten, sodass Aufgaben frühzeitig durchgeführt werden, ohne später zu einem Flaschenhals zu werden (z. B. vollständige Erfassung der Kundeninformationen inclusive Zahlungsform bei der Auftragserfassung)
6	Beschleunigen	Einsatz von zeitsparenden Arbeitsmitteln (Dokumentenmanagementsystem ersetzt Papierdokumentation), Reduzierung von Warte- und Liegezeiten durch Erhöhung von Kapazitäten, Bestellung über Onlineshop anstelle eines Papierkataloges, Download von Handbüchern und Aufbauanleitungen von einem Portal anstellen von gedruckten Unterlagen

(Fortsetzung)

bzw. Verkauf von Mitnahmeartikeln) oder ob weitere Aktivitäten erforderlich sind (z. B. Beschaffung von Materialien, Produktion spezieller Bauteile, Einbau von Adaptern für elektrische Geräte oder sonstige Sonderarbeiten.

Tab. 5.1 (Fortsetzung)

Nr	Konzept	Erläuterung
7	Schleifen vermeiden	Schleifenfreie Gestaltung von Prozessen, d. h. Verzicht auf Wiederholung von Teilschritten eines Prozesses (z. B. Onlineerfassung aller Kunden- und Bestelldaten im Rahmen der Auftragserfassung und Freigabe des Auftrages erst nach vollständiger Plausibilisierung der Daten)
8	Ergänzen	Vermeidung von nachgelagerten Prozessen zur „Schadensbeseitigung" (z. B. Ergänzung einer Qualitätskontrolle nach der Teilemontage von Möbeln um einen möglichen „Nachbearbeitungsprozess" oder eine „Rückholaktion fehlerhafter Ware" zu vermeiden

Quelle: Eigene Darstellung in Anlehnung an Bleicher, 1991

5.2 Anwendungsbeispiel für eine Prozessoptimierung

Die grundsätzlichen Möglichkeiten der Prozessoptimierung sollen an einem Fallbeispiel erläutert werden, bei dem ein Ist-Prozess analysiert und restrukturiert werden soll.

Die Business Analystin Linda hat hierzu in Zusammenarbeit mit der Buchhaltung und dem Einkauf den Prozess „Bearbeitung von Eingangsrechnungen" untersucht. Hierzu hat sie ein BPMN-Modell erstellt (vgl. Abb. 5.2) und zahlreiche Schwachstellen identifiziert.

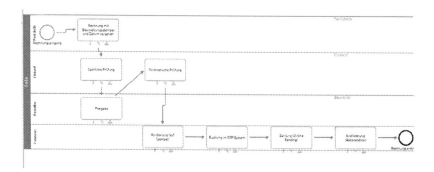

Abb. 5.2 Fallbeispiel Optimierung: Istprozesss Bearbeitung von Eingangsrechnungen (modelliert mit BIC Design)

Bearbeitung von Eingangsrechnungen – Ist-Prozess

- Beim Rechnungseingang per Post erfolgt eine manuelle Bearbeitung der eingehenden Papierrechnungen, bei Email-Eingang erfolgt zunächst ein Papierausdruck der Rechnungen,
- teilweise werden Rechnungen von Lieferanten in deren Onlineportalen zunächst als pdf-Datei „downgeloaded" und ausgedruckt.
- Zur Archivierung der Rechnungen erfolgt ein Ausdruck mehrerer Kopien, die chronologisch und jeweils alphabetisch nach Geschäftsbereichen und Lieferantennamen in Aktenordnern abgelegt werden.◄

Gemeinsam mit den Mitarbeiterinnen und Mitarbeitern sowie der Geschäftsführung sucht die Business Analystin Linda nach Möglichkeiten der Optimierung. Im Rahmen eines eintägigen Workshops auf Basis der Checkliste zur Optimierung in Tab. 5.1 werden folgende Ideen entwickelt:

Ideensammlung für die Optimierung des Prozesses „Rechnungseingangs-bearbeitung"

- **Weglassen**: Ersatz von Eingangs- und Bearbeitungsstempel durch Einsatz eines Dokumentenmanagementsystems (DMS) mit Scan-Funktion und automatischer „Stempelung", Entfall der Papierfotokopien für andere Abteilungen durch elektronischen Zugriff.
- **Auslagern**: Erstellung einer separaten Analyse, ob ein Cloud-Anbieter für das ERP-System und Dokumentenmanagementsystem (DMS) eingesetzt werden kann. Hierdurch könnten Ressourcen in der IT-Abteilung anders genutzt werden.
- **Zusammenfassen**: Zusammenlegung von sachlicher Prüfung, rechnerischer Prüfung und Freigabe mit Kontierung und Zahlung der Rechnung
- **Parallelisieren**: Bei komplexen Rechnung soll die sachliche und rechnerische Prüfung parallel durch zwei Personen erfolgen, um Zeit zu sparen.
- **Verlagern**: Die Archivierung der eingegangen Rechnungen erfolgt direkt nach dem Scan
- **Beschleunigen**: Ziel ist die möglichst komplette Digitalisierung des Prozesses, (kein Papier, keine manuelle Steuerung).
- **Keine Schleifen**: Daten sollen nur plausibilisiert ins Warenwirtschaftssystem übertragen werden. Hierdurch können spätere Rückfragen vermieden werden.

- **Ergänzen**: Auswertungen und Analysen bestehender Rechnungen für die Qualitätskontrolle◄

Aus den Ideen wurde ein Konzept für einen Sollprozess entwickelt, der deutlich weniger komplex ist und digitalisiert wurde (vgl. Abb. 5.3). Nach dem Eingang der Rechnung wird diese eingescannt bzw. digital übernommen und über das Dokumentenmanagementsystem an den Einkauf zur Prüfung weitergeleitet. Hiernach erhält der Besteller eine digitale Information und kann die Rechnung digital freigeben. Der Finanzbereich kontiert abschließend die digitale Rechnung und veranlasst die Bezahlung. Die Anfertigung von Fotokopien und der Anstoß der Digitalisierung entfällt, da alle Rechnungen mit Start des Prozesses digital über das Dokumentenmanagementsystem verfügbar gemacht wurden.

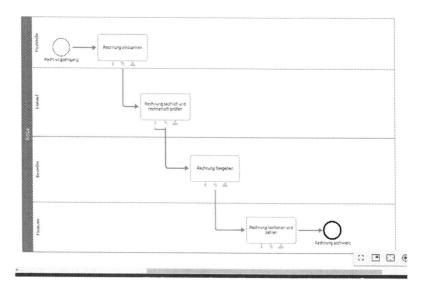

Abb. 5.3 Fallbeispiel Optimierung: Sollprozesss Bearbeitung von Eingangsrechnungen (modelliert mit BIC Design)

5.3   Prozesscontrolling mit Kennzahlen

Linda informiert sich zunächst über die theoretischen Hintergründe zu Prozesskennzahlen und erarbeitet anschließend für die Prozesse der Prozesslandkarte
Kennzahlen.

Struktur von Kennzahlen
Kennzahlen haben für das Controlling von Prozessen eine hohe Bedeutung.
Ausgehend von den Zielen des Unternehmens bzw. der Unternehmensstrategie
werden zur Steuerung der Prozesse Kennzahlen gebildet. Sie können in absolute
und Verhältnis-Kennzahlen strukturiert werden (vgl. Abb. 5.4). Absolute Kennzahlen bezeichnen zählbare Fakten, wie z. B. die Anzahl der in einem Prozess
eingesetzten Beschäftigten. Sie sind nur bedingt aussagekräftig, weil ihnen ein
Vergleichsmaßstab fehlt.

- **Verhältnis-Kennzahlen** setzen mehrere Kennzahlen in eine Relation und
  können so Beziehungen zwischen verschiedenen Aspekten beschreiben. Sie
  differenzieren sich wiederum in Gliederungs-, Beziehungs- und Indexkenn-
  zahlen.
- **Gliederungskennzahlen** stellen Anteile von Größen gleicher Dimensionen
  dar, z. B. der Anteil der Prozesskosten an den Gesamtkosten des Unternehmens. Beziehungskennzahlen setzen Größen unterschiedlicher Dimensionen in
  Relation, z. B. Prozesskosten je Beschäftigtem.

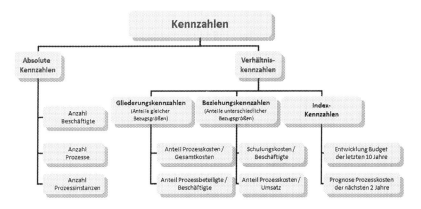

Abb. 5.4 Kennzahlen-Struktur

Qualität	Berechenbarkeit und Analysierbarkeit	Wirtschaftlichkeit	Organisation
•Was soll mit der Kennzahl gesteuert werden? •Misst die Kennzahl den richtigen Effekt? •Was lässt sich mit der Kennzahl aktiv steuern? •Sind die Kennzahlen für den Empfänger verständlich? •Wie ist die Qualität der Basisdaten zu beurteilen (sind Aufbereitungen / Korrekturen notwendig)? •Misst die Kennzahl für die IT-Strategie relevante Ziele?	•Können Ziel- und Sollwerte bzw. erwartete Werte definiert werden? •Können korrespondierende Istwerte ermittelt werden? •Können Toleranzwerte definiert werden? •Was muss bei Über-/Unterschreitung passieren? •Wer muss wie aktiv werden? •Sind die Kennzahlen „benchmarkfähig"? •Wie sensibel reagieren die Kennzahlen auf Veränderungen? •Können die notwendigen Basisdaten ermittelt werden? •Sind die Kennzahlen drill-down-fähig?	•Ist der Aufwand für die Ermittlung von Basisdaten für die Soll-/Ist-Ermittlung wirtschaftlich gerechtfertigt? •Steht dem Aufwand für die Ermittlung der Kennzahl ein angemessener Nutzen durch die Möglichkeit zum aktiven Steuern gegenüber? •Können pragmatische Ersatzgrößen ermittelt werden?	•Können Verantwortliche für Datenbereitstellung, Berechnung, Berichterstattung und für die Inhalte der Kennzahl selbst benannt werden? •Sind die Kennzahlen manipulationssicher? (gibt es Kontrollgrößen?) •Wie reagieren die Kennzahlen auf organisatorische oder technologische Veränderungen?

Abb. 5.5 Prüfkriterien für Kennzahlen. (Nach Kütz, 2011, modifiziert)

- **Indexgrößen** sind normierte Entwicklungen von Kennzahlen über längere Zeiträume hinweg, z. B. Entwicklung der Prozesskosten für die Beschaffung von Büromaterial.

In der Praxis des Prozesscontrollings ist es wichtig, Kennzahlen nach ihrer Qualität, Berechen- und Analysierbarkeit, Wirtschaftlichkeit sowie der Möglichkeit diese organisatorisch umzusetzen zu beurteilen. Hierzu sind mögliche Kandidaten für Kennzahlen kritisch zu hinterfragen. Eine Hilfestellung bietet der Prüfkatalog für Kennzahlen in Abb. 5.5 (erstellt nach Kütz, 2011).

Beispiel für die Ermittlung und Berechnung von Prozesskennzahlen
Linda beschafft sich aus dem Warenwirtschaftssystem die Auftragsdaten von verschiedenen Kundenaufträgen, für die individuelle Möbel hergestellt wurden. Die Prozesskennzahlen „Durchschnittliche Prozesszeit", „Termintreue" und „Prozessqualität" hat sie dem Buch von Schmelzer und Sesselmann (2013) entnommen und exemplarisch für die selektierten Daten berechnet. Die Basisdaten sind in Tab. 5.2 zusammengefasst, die Formeln für die Kennzahlen sind in Abb. 5.6 zu finden.

Die durchschnittliche Prozesszeit beträgt für die drei bereits fertiggestellten Aufträge 33 Tage. Sie errechnet sich aus der Gesamtzahl der Tagesdifferenz (99 Tage) geteilt durch die Anzahl der fertiggestellten drei Aufträge (vgl. Abb. 5.7). Linda

Tab. 5.2 Auftragsdaten (Analysestichtag: 15.06.2022)

Auftrags-Nr	Kunde	Start-Termin	Plandauer	Geplanter Endtermin	Ist-End-Termin	Nacharbeit (Ja/Nein)
100	Berger	01.04.22	40	11.05.22	20.05.22	Ja
200	Müller	01.05.22	30	31.05.22	Offen	Nein
300	Schmitz	01.02.22	10	11.02.22	11.02.22	Ja
400	Zeppelin	01.03.22	40	10.04.22	10.04.22	Nein
500	Meiner	01.06.22	30	01.07.22	Offen	Nein

Durchschnittliche Prozesszeit bzw. Durchlaufzeit (DLZ): (Zeitaufwand für die Bearbeitung von Aufträgen) in Tagen

$$DLZ = \frac{\sum Endtermin - Starttermin\ je\ abgeschlossenem\ Auftrag}{\sum Anzahl\ abgeschlossene\ Aufträge}$$

Termintreue (TT): Anteil abgeschlossener Aufträge ohne Terminabweichung in Prozent

$$TT\ (\%) = \frac{\sum Anzahl\ abgeschlossener\ Aufträge\ ohne\ Terminabweichung}{\sum Anzahl\ abgeschlossener\ Aufträge} * 100$$

Prozessqualität = Anteil der abgeschlossenen Aufträge ohne Nacharbeit in Prozent

$$Prozessqualität\ (\%) = \frac{\sum Anzahl\ abgeschlossener\ Aufträge\ ohne\ Nacharbeit}{\sum Anzahl\ abgeschlossener\ Aufträge * 100}$$

Abb. 5.6 Prozesskennzahlen (Formeln)

fällt auf, dass die Aussagekraft der Kennzahl begrenzt ist, da die Auftragstypen sich stark unterscheiden.

Die durchschnittliche Termintreue der Aufträge beträgt 66 % (2/3 *100), denn zwei Aufträge sind ohne Terminabweichung und bereits abgeschlossen. Drei Aufträge sind insgesamt abgeschlossen (vgl. Abb. 5.8). Auch hier stellt Linda fest,

Auftragsdaten					Analysedatum	15.06.2022		
Auftrag Nr.	**Kunde**	**Starttermin**	**Plandauer**	**Gepl. Endter**	**Ist-Endtermin**	**Nacharbeit J/N**		**Ist-Termin - Start-Termin**
100	Berger	01.04.2022	40	11.05.2022	20.05.2022	J		49
200	Müller	01.05.2022	30	31.05.2022		N		
300	Schmitz	01.02.2022	10	11.02.2022	11.02.2022	J		10
400	Zeppelin	01.03.2022	40	10.04.2022	10.04.2022	N		40
500	Meier	01.06.2022	30	01.07.2022		N		
5 (gesamt)					3 (abgeschlossen)	3 (ohne NA)		99

Abb. 5.7 Ermittlung Prozesszeit. (Nach Schmelzer und Sesselmann 2013)

dass die Kennzahl sich sehr schnell verändern kann, wenn ein Auftrag sich auch nur um einen Tag verzögert.

Die durchschnittliche Prozessqualität der Aufträge beträgt 33 % (1/3*100), denn ein Auftrag ist ohne Nacharbeit und drei Aufträge sind komplett abgeschlossen (vgl. Abb. 5.9). Diese Kennzahl ist ebenfalls angreifbar, weil der Umfang der Nacharbeit (kleine Lackierarbeiten oder Neumontage) nicht unterschieden werden.

Auftragsdaten					Analysedatum	15.06.2022	
Auftrag Nr.	**Kunde**	**Starttermin**	**Plandauer**	**Gepl. Endter**	**Ist-Endtermin**	**Nacharbeit J/N**	**Terminabweichung J/N**
100	Berger	01.04.2022	40	11.05.2022	20.05.2022	J	J
200	Müller	01.05.2022	30	31.05.2022		N	J
300	Schmitz	01.02.2022	10	11.02.2022	11.02.2022	J	N
400	Zeppelin	01.03.2022	40	10.04.2022	10.04.2022	N	N
500	Meier	01.06.2022	30	01.07.2022		N	J
5 (gesamt)					3 (abgeschlossen)	3 (ohne NA)	2 (ohne Abw.)

Abb. 5.8 Ermittlung Termintreue. (Nach Schmelzer und Sesselmann 2013)

Auftragsdaten					Analysedatum	15.06.2022	
Auftrag Nr.	**Kunde**	**Starttermin**	**Plandauer**	**Gepl. Endter**	**Ist-Endtermin**	**Nacharbeit J/N**	**Terminabweichung J/N**
100	Berger	01.04.2022	40	11.05.2022	20.05.2022	J	J
200	Müller	01.05.2022	30	31.05.2022		N	J
300	Schmitz	01.02.2022	10	11.02.2022	11.02.2022	J	N
400	Zeppelin	01.03.2022	40	10.04.2022	10.04.2022	N	N
500	Meier	01.06.2022	30	01.07.2022		N	J
5 (gesamt)					3 (abgeschlossen)	3 (ohne NA)	2 (ohne Abw.)

Abb. 5.9 Ermittlung Prozessqualität. (Nach Schmelzer und Sesselmann 2013)

Fazit

Das Fazit von Linda zur Auswahl von Kennzahlen besteht darin, dass sie gemeinsam mit den Prozessverantwortlichen nach weiteren Kennzahlen sucht, die geeignet sind, die Prozesse im Sinne des Unternehmens zu steuern.

Aus Platzgründen endet das Essential an dieser Stelle. Wir hoffen, Ihnen einen Einblick in das spannende Aufgabengebiet einer Business Analystin gegeben zu haben. Falls Sie Ihre Kenntnisse vertiefen möchten, können Sie sich im Folgekapitel vertiefende Literatur heraussuchen.

Was Sie aus diesem *essential* mitnehmen können

- Prozesse mit gängigen Methoden modellieren
- Möglichkeiten der Prozessoptimierung anwenden
- Prozesskennzahlen entwickeln

Literatur

Becker, J., Rosemann, M., Schütte, R.: Grundsätze ordnungsgemäßer Modellierung. Wirtschaftsinformatik **37**(5), 435–445 (1995)

Binner, H. F.: Prozessorientierte TQM-Umsetzung. Reihe: Organisationsmanagement und Fertigungsautomatisierung. München (2000)

Bleicher, K.: Organisation, 2. Aufl, Wiesbaden (1991)

Gadatsch, A.: Grundkurs Geschäftsprozessmanagement, 10. Aufl. Wiesbaden (2023)

Keller, G., Nüttgens, M., Scheer, A.-W.: Semantische Prozessmodellierung auf der Grundlage Ereignisgesteuerter Prozessketten (EPK). In: Scheer, A.-W. (Hrsg.) Veröffentlichungen des Instituts für Wirtschaftsinformatik, Heft 89. Saarbrücken (1992)

Krems, B.: Business Process Model and Notation (BPMN), Online-Verwaltungslexikon, Version 1.2, http://www.olev.de/b/bpmn.htm. Zugegriffen: 7. Juli 2022

Kütz, Martin: Kennzahlen in der IT, Heidelberg, 4. Aufl. (2011)

Meyer, A.; Smirnov, S., Weske, M.: Data in Business Processes. EMISA-Forum **31**(3), 5–29 (2011)

Scheer, A.W.: ARIS – Vom Geschäftsprozess zum Anwendungssystem, 3. Aufl. Berlin et al. (1998)

Schmelzer, H.J., Sesselmann., W.: Geschäftsprozessmanagement in der Praxis, 8. Aufl. München (2013)

Spath, D., Weisbecker, A., Drawehn, J.: Business Process Modeling 2010, Modellierung von ausführbaren Geschäftsprozessen mit der Business Process Modeling Notation. Stuttgart (2010)

Printed in the United States
by Baker & Taylor Publisher Services